Margaret Kassajep

Mit 60 beginnt das Leben

**Humorige Geschichten,
die beweisen, was Frauen über
Sechzig heute sind:
flott, lebenslustig und auf
keinen Fall unterzukriegen.**

**Mit Zeichnungen
von Heinz Langer**

Titel der Originalausgabe: Sechzigerin – na und?
Satz: OK Satz GmbH, Unterschleißheim
Druck und Bindung: Carl Ueberreuter, Wien
2   3   4   5   98   97   96
Auflage   Jahr
(jeweils erste und letzte Zahl maßgeblich)

ISBN 3-8231-0723-2

Inhalts-
verzeichnis

Vorwort

Vorsicht, liebe Sechziger! Die Autorin schickt euch mit diesem Buch in ein Wechselbad der Gefühle, Ansichten und Meinungen. Heiße und kalte Güsse gibt's!

Sie packt euch an den Schultern und schüttelt euch tüchtig durch. Sie stößt ein großes Fenster in eine lichtdurchflutete Landschaft auf, voll mit roten Blumen der Liebe, Freude, Verheißung, voll von hoffnungsgrünen Wiesen, mit Bäumen, in die man auf starken Ästen Traumhäuser setzen kann. Und ihr merkt, liebe Sechziger, daß diese herrliche Welt auch die eurige ist.

Ihr seid noch mitten drin in der Liebe, Leidenschaft, Poesie, Dramatik, Romantik, Euphorie, Sehnsucht. Mitten in kleinen und großen Wundern.

Wehrt euch nicht gegen den Schritt aus irgendeiner dumpfen Enge, Abhängigkeit, Melancholie heraus! Denn die Argumente für diese schöne Welt weit draußen sind stärker! Die Autorin hat die besseren Waffen gegen Frust und Frost, Resignation, Abschiedsahnungen und Trennungsschmerz.

Manchmal wird's in den Geschichten makaber wie im richtigen Leben – wenn euch da die Haare zu Berge stehen, liebe Sechziger, kämmt sie euch am besten wieder runter!

In anderen Geschichten geht's dafür ganz schön amüsant, ja komisch zu, so daß ihr herzlich lachen müßt.

Aber Lachfalten gehen ja wieder weg.

Das verspricht euch
Margaret Kassajep

Aller Anfang ist schwer

Edeltraud und Lorenz Leise feierten fast am gleichen Tag fröhlich und noch ahnungslos, was die Folgen anbelangte, den Beginn ihres Ruhestandsalters. Beide sahen keineswegs so aus, wie es in ihren Pässen vermerkt war. Mein Gott, was sie alles noch unternehmen würden! Angefangen vom Leckerbissenkochen thailändischer bis mexikanischer Spezialitäten, denn Herr Leise insbesondere hatte eine außergewöhnlich feine Zunge.

Natürlich standen auch Reisen auf dem Programm. Zuerst einmal

9

aber genossen beide so richtig ihre schöne Wohnung, das heißt, sie trimmten diese peu à peu auf Hochglanz mittels Tapetenkleben, Vorhänge aufziehen, dieses und jenes neue Kleinmöbel erstehend – und selbstredend mußte auch ein neues Bad her. Ein vollendetes Luxus-Plansch-Elysium mit allen Schikanen, sogar einem kostbaren Lapislazuli-Telefon.

Als die großen Taten getan waren, entdeckte sich Herr Leise als begnadeter Maler. Sämtliche Türen der Wohnung erstrahlten innerhalb kurzer Frist in loderndem Quittengelb, daß Edeltraud, als sie die Pracht zum erstenmal erblickte, fast einen psychedelischen Schock erlitt. Aber sie sagte sich dann, daß die Farbe, so all-

gegenwärtig in der Wohnung anzutreffen, manchen nicht so gern gesehenen Besucher zum vorzeitigen Heimgang veranlassen könnte.

Malerei, Töpfern, Holzschnitzen . . . – alles eine Frage der Selbstverwirklichung.

Während Frau Leise, in irgendwas am Herd rührend, über ihre künftige Art der Selbstverwirklichung nachdachte, etwa Naivmalerei, Vasen auf der Töpferscheibe drehen, Holzschnitzerei lernen oder des Nachts als Streetworkerin allzu junge Stricherinnen von der Straße in irgendein Alternativ-Café abschleppen, eine edle Aufgabe, wie man ihr

in einschlägigen Sozialbe-
treuungsläden versicherte,
entsann sich Herr Leise
seiner siebentausend lose
herumliegenden Briefmar-
ken aus aller Welt. Mit
deutscher Gründlichkeit
ordnete er sie in gar nicht
so billige Alben ein. Als er
jedoch anläßlich des Besu-
ches einer Briefmarken-
börse erfahren mußte, daß
selbst seine schönsten,
ältesten, buntesten Exem-
plare kaum das Papier
wert waren, auf dem der
Druck prangte, erlosch
sein Interesse an ihnen fast
über Nacht. Mißmutig kit-
tete er sämtliche abgebro-
chenen Henkel und Scher-
ben an die dazugehörigen
Tassen, Krüge und Vasen,
leimte zwei wackelige
Stuhlbeine wieder fest und
zimmerte ein Vogelhäus-
chen mit lustigen Fenster-
chen und einer umlaufen-
den Altane wie eine Tiro-
ler Almhütte für den nächsten Winter auf den Bal-
kon.

Edeltraud, immer noch
nicht im klaren über ihre
zukünftige Betätigung entweder künstlerischer oder
sozial-engagierter Rich-
tung, rührte weiter in
guten Sachen herum, das
langsame, aber stetige Vor-
dringen des Gatten in
ihren ureigenen Bereich
mit steigendem Mißfallen
verfolgend. Erstens ging er
ihr beim Zubereiten der
türkischen, mexikanischen
oder auch armenischen
Gerichte geistig wie auch
von seinem leiblichen Vo-
lumen her im Weg um.
Zweitens war ihr die lässi-
ge Art seiner Behandlung
des Abfallgutes äußerst zuwider. Sie spürte unter
ihren Sohlen sowohl Säge-
mehl als auch Hobelspäne,

11

Nägel wie Kalk und Sand knirschen. Die kommenden unheilvollen Ereignisse waren sozusagen von ihrer logischen Zwangsläufigkeit her programmiert.

Eines Tages war es soweit. Wie unter höherem Zwang näherte sich Herr Leise der Infrarot-Kochmulde, mit der Hand die bekannte Greifbewegung machend, mit der man einen Topfdeckel lüftete.

„Tu halt nicht in der Woche gleich dreimal diese Faserkost auf den Speisezettel, ob thailändisch oder armenisch!" monierte er über dem rostroten Kraut, das jedoch ein Original Szegediner Gulasch darstellte. „Das ist vielleicht für deinen gesunden niederbayerischen Magen gut, aber nicht für meinen von Krieg und Gefangenschaft

wie auch dem harten Berufsalltag geschwächten Tommy!"

„Dreißig Jahre lang hat es dir nicht geschadet!" schmetterte ihn Edeltraud mit funkelnden Augen ab. Herr Leise hob, ohne auf diese Warnsignale zu achten, den Deckel von Topf Nummer zwei, ließ ihn aber, da es sich um ein nichtisoliertes Stück handelte, sofort wieder fallen und zog sich an einen Ort zurück, wo keine heißen Topfdeckel waren.

Diät oder nicht Diät, das ist hier die Frage.

Am nächsten Vormittag kaufte er sich ein dickes Diätkochbuch und erfuhr daraus erstaunliche Neuigkeiten. So gegen elf Uhr kreuzte er wieder in der Küche auf.

„Viel zu viel Salz!" stellte er beim Probieren der Suppe mit hochgezogenen Brauen fest. „Es gibt nichts Schädlicheres für die Gesundheit als zu viel Salz im Essen!"

Edeltraud hatte sich inzwischen nach Durchsicht des Vierteljahresprogramms der Volkshochschule für eine anständige Selbstverwirklichungsmöglichkeit des letzten Lebensdrittels entschieden, die noch dazu einen Segen für die gesundheitsbeflissene Menschheit darstellte. Als Herr Leise am nächsten Vormittag vom Morgenspaziergang an den heimischen Herd zurückkehrte, fand er die Küche kalt und einen Zettel auf dem Tisch: „Lieber Lorenz, melde mich zu einem Diät-

kochkurs an. Nach dessen Abschluß bin ich für das erste Haus eines weltberühmten Kurortes schon als Chefköchin vorgemerkt! Viertausend auf die Hand und Fünftagewoche bei freier Wohnung und Verpflegung! Viele Grüße, Deine Edeltraud!"

Herr Leise blieb zwei Stunden lang sprachlos. Dann trat er vor den Garderobenspiegel und sagte zwanzigmal, sich starr in die Augen blickend: „Liebe Edeltraud, ich will nie, nie mehr im Leben Topfgucken, auch sonst keinerlei für dich lustfeindlich anmutende Statements mehr von mir geben!" Als er alles gut auswendig hersagen konnte, wartete er auf die Heimkehr der Gattin vom ersten Lehrgangstag.

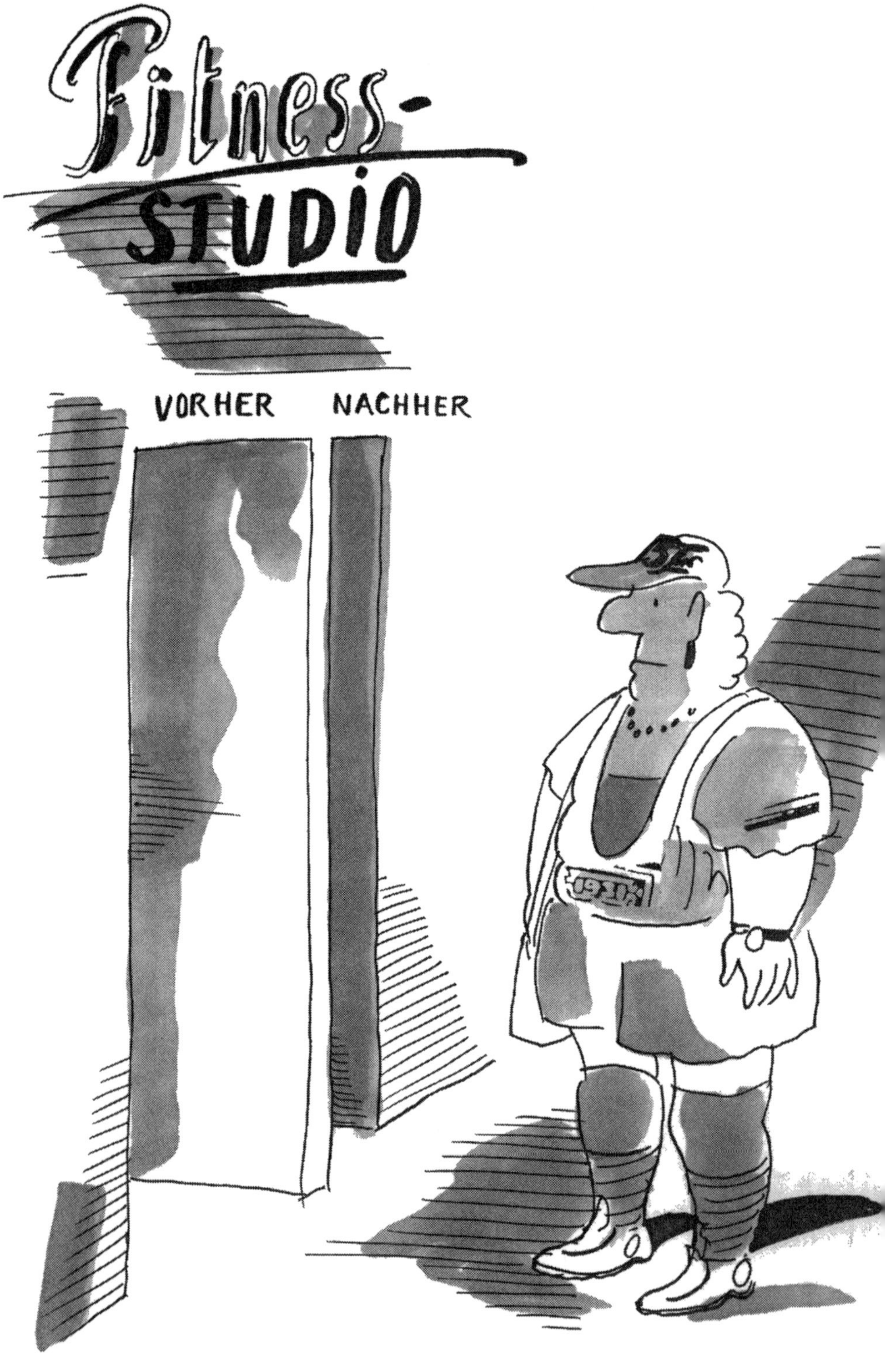
Fitness-
STUDIO
VORHER
NACHHER

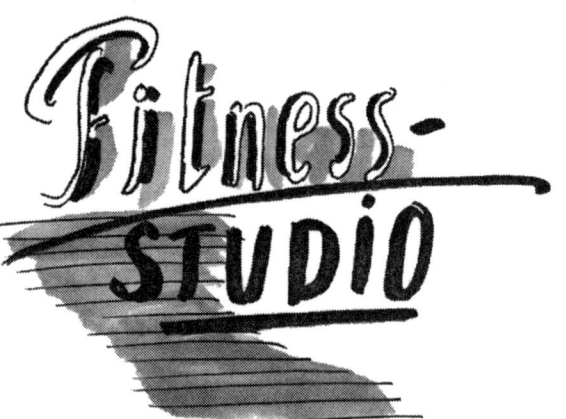

Herkules am Scheideweg

Manchmal können Töchter ganz schön brutal sein; mit oder ohne Absicht.

Frau Egerland lebte bis zu ihrem sechzigsten Geburtstag im Glauben, so in etwa als allerhöchstens vollschlanke Dame und Mama durchs Leben zu wandeln. Neulich, knapp nach ihrem Sechzigsten, weilte sie zu Besuch bei ihrer Tochter und saß friedlich auf deren aubergineblauem Ledersofa, eine Tasse Kaffee und zwei riesige Stück Kuchen mit einer ordentlichen Portion Schlagrahm vor sich. Das Telefon im Nebenzimmer beendete das traute Zwie-gespräch über viele einschlägige Themen. Die Tochter spazierte auf hohen, schicken, wenn auch gar nicht orthopädisch gerechten Absätzen hinüber. Sie zog die Tür hinter sich zu und schien der Meinung zu sein, daß sie ins Schloß gefallen wäre. Aber keineswegs! Die Mama nippte an ihrer Tasse und fing an, eines der beiden wundervoll garnierten Tortenstücke samt dem Schlagrahm in Angriff zu nehmen. Ihre Neugier auf Telefongeplauder, das sie nichts anging, war schon immer unterentwickelt, bis drüben irgendwas von einer Mutti geredet wurde.

Zuerst ist man am Boden. Denn man hat gemeint, nur ein bisserl vollschlank zu sein. Aber nein, was ist man? – dick!

„Ich bin richtig erschrocken", talkte Heidimaus in den Hörer. „Sie ist ja auseinandergegangen wie ein Pfannkuchen! Ich sage nur ‚Rubens'! – Wie bitte, vollschlank? Daß ich nicht kichere! Dick! Schlicht und einfach dick! Ja! Wie meinst du? Nee, so sehe ich das nicht! Dick macht nicht gemütlich, sondern alt! Ich mag keine alte Mutti! Wie bitte? Nein, da hast du auch nicht recht!"

Es wurde noch weiter geplaudert. Frau Egerland und Mutter einer Tochter hatte zuerst gehofft, daß von einer völlig fremden Mutti die Rede sei. Von irgendeinem dicken, alten, unmöglichen weiblichen Wesen aus dem Bekanntenkreis. Denn sie selber war doch höchstens – na, vollschlank eben! Fassungslos mußte sie sich zuletzt eingestehen, daß es um sie, die Mama ging.

Das konnte doch nicht sein! Die Hand, die die silberne Kuchengabel hielt, sank herab. Verstört trat sie vor einen großen, alten Spiegel. Der zu Hause hatte, so schien es ihr nun, immer ein viel günstigeres Bild von ihr zurückgeworfen. Dieser fremde da erwies sich dagegen als das ungalanteste Objekt weit und breit! Sie erschrak richtig, als sie sich darin sah. War das wirklich sie,

16

diese unförmige Person in einem Kleid, hinten und vorne zu eng, mit dicken Armen und Beinen und einem Gesicht wie ein Vollmond? Starr fixierte sie sich, während Heidimäuschen weiter mit irgendwem über den ungebührlichen Umfang der Mama redete, im Glauben, die Verbindungstür wäre geschlossen und sie könnte ungestraft schreckliche Dinge von sich geben, die die Mama an den Rand der Verzweiflung brachten.

Stumm nahm sie ihren Platz auf dem teuren Sofa wieder ein. Die Tochter kehrte sichtlich erleichtert zurück. Sie hatte sich einen Haufen Kummer von der Seele geredet. „Schmeckt's?" fragte sie etwas zweideutig mit einem Blick auf die Torten. „Habe ich selber gebacken!"

„Nein! Schmeckt nicht mehr!" entgegnete die Mama.

Heidimäuschen stutzte. Was war kaputt?

„Warum sagst du mir nicht ins Gesicht, daß ich zu dick bin?" warf sie der Tochter vorwurfsvoll zu.

„Ach, Mama!" seufzte Heidimaus. „Du hättest mir das ja doch nicht abgenommen! Daran hapert's zwischen uns beiden! Aber ist ja schon egal! Mit Sechzig muß man nicht wie Zwanzig ausschauen! Und was du jetzt zuviel auf die Waage bringst, würdest du nie mehr runterkriegen. Hauptsache, du bist gesund!" Das stimmte Gott sei Dank! Die Mama erhob sich. Auf den blöden Spiegel zugehend musterte sie sich ein letztes Mal. Ein geflügeltes Wort kam ihr in den Sinn. Wie

17

hieß es doch gleich? Ach ja: „Herkules am Scheideweg!" – Das war sie! Der Herkules am Scheideweg. Jetzt oder nie mußte sich alles ändern! Und das Gespräch, das sie gerade mitangehört hatte, würde ihr bei ihrem Vorhaben von großem Nutzen sein!

Mama und Tochter gaben sich ein Bussi, die Mama schritt die Treppe hinunter.

Hackenschmidt, Oberkörperdrehmaschinchen oder Bauchmuskelbrett?

Am nächsten Morgen nach dem Frühstück begab sie sich zum Fitneß-Studio gar nicht weit von ihrer Wohnung entfernt. „Wo wollen Sie anfangen, Frau Egerland?" erkundigte sich Freddy, der Mann, der am Ort das Sagen hatte und auch den Bizeps, bzw. die Muskeln dazu. Sie waren nicht zu übersehen! „Am Hackenschmidt, dem Oberkörperdrehmaschinchen oder dem Bauchmuskelbrett?"

„Eigentlich –" entgegnete die Mutti ein bißchen verunsichert, „eigentlich mit dem, was am schnellsten zum Erfolg führt! Wo haben Sie denn die Sachen, damit ich mir das Passende raussuchen kann!" Mama Egerland hatte den ehrlichen Vorsatz, abzunehmen, aber das Wie mußte schon auch überlegt werden.

„Hinter mir!" Freddy deutete grinsend mit dem Daumen, der allein für sich schon eine potentielle Gefahr für Mensch und Tier darstellte, in die angegebene Richtung.

„Ach so!" Mutti bemühte sich, an Freddys Muskel-Gebirgen vorbei einen Blick auf die Kraftmaschinen zu tun.

„Ich werde Ihnen mal das Bauchmuskelbrett ans Herz legen!" meinte Freddy nach fachmännischer Musterung von Frau Egerland, die ein Potenzguru wie er natürlich nur als abbruchreifes, wenn auch möglicherweise denkmalgeschütztes Objekt einstufen konnte.

„Gut!" nickte die Mutti. Wer A sagte, mußte auch B sagen. Sie gab sich einen Ruck, an ihr Spiegelbild in der Wohnung Heidimäuschens denkend.

„Na und?" monierte Freddy mit gerunzelter Stirn. „Wollen Sie in Rock und Bluse da ran?"

Mama Egerland schüttelte den Kopf und erwarb im angeschlossenen Body-Shop ein tolles T-Shirt und dazu passende Leggings für lumpige hundertzehn Mark, und schon folgte der Frontalangriff auf ihre bis gestern für höchstens vollschlank gehaltenen Massen nach; der Schweiß rann, wozu Freddy hochzufrieden mit den Fingern schnalzte. Beim Abwischen der salzigen Flut von Stirn, Schläfen und Schultern fiel ihr ein, daß sie vergessen hatte, dem Gatten die Tasse Kaffee vorzusetzen, wie er es seit der Pensionierung nach dem Mittagessen von ihr erwartete. Und sie freute sich schon auf sein Gesicht beim Heimkommen. Für sie hieß es, auch das durchzustehen und die Zähne dabei zusammenzubeißen.

19

Als Finish: Bloody Mary, Steak, Chips und Fritten.

Freddy schob sie nach dem Finish hinter einen Tresen, um ihr fast zum Einkaufspreis Bloody Mary, Ohio-Guns und Berge von Steaks, Chips, Fritten und so weiter anzubieten, ihr versichernd, daß es sich dabei um sogenannte Trennkost handle, die keineswegs als Dickmacher wieder an ihr hängenbleiben würden. Mit weichen Knien und konvulsivisch zitternden Armen schleppte sie sich davon und ging gleich zu Bett. Ob sie den nicht servierten Kaffee oder gleich das ausgefallene Abendessen dazu als moralische Last auf ihrem geschundenen Rücken fühlte, war

schon eins. Mutti Egerland wälzte die ganze Schuld an ihrem Zustand auf Heidimäuschen und den Papa, der sie nie vor der Todsünde der Übermäßigkeit in Essensangelegenheiten zurückgehalten hatte, wenngleich diese Schlußfolgerung an der Logik etwas vorbeizielte. Bis neun Uhr morgens schlief sie fest durch und sah erwachend in die vorwurfsvoll-besorgten Augen des Gatten. Aber Frau Egerland hatte ihre Richtung anvisiert, getreu dem Spruch vom Herkules am Scheideweg, und nichts und niemand würde sie davon abbringen!

In der Folge koordinierte sie alles ein wenig besser zueinander, auch die Kursgebühren im Vergleich zum Haushaltsgeld und den Heimruderer für vierhundertsechzig ohne Mehrwertsteuer zu Ausgaben für Geburtstage oder besondere Feste, an denen sowieso viel zu viel geschlemmt worden war. Die Anschaffungen liefen selbstredend über Freddy. Wenn man sich schon von der zweiten Stunde an duzte, mußte man Brüderlichkeit in allen Bereichen praktizieren!

Mit der Arbeit im Haushalt kam sie freilich ins Schleudern. Sie sackte auf dem Heimweg ein fertiges Batteriehuhn mit Pommes ein, und es wurde ihr wieder besser. Ach was, sagte sie sich, man mußte alles viel lockerer nehmen! Und Heidimäuschen hatte es so gewollt. Nun sollten sie mal alle schön die Konsequenzen draus ziehen.

Wieder ging die Logik dabei ein bißchen baden, aber sie war eben auch nur eine Frau. Dafür brachte sie es nach vierzehn Tagen schweißtreibender Abmagerungstechniken auf stolze siebzehn Hackenschmidts, ging an den Doppeltwister so elegant wie an ihre spezielle Logik und schnellte auf dem lustigen Trampolin fast bis an die Decke, so daß Freddy und auch viele Kursteilnehmer, alle jünger als sie, ehrlichen Respekt vor der Dame kriegten, die erstens überhaupt nicht wie Sechzig aussah und zweitens bereits diverse Pfunde auf dem Altar der weiblichen Disziplin gelassen hatte.

Manchmal allerdings, da gab's einen kleinen Wortwechsel mit dem Gatten, der sich doch irgendwie vernachlässigt fühlte.

„Ich werde es so machen wie unser Hausmeister

Abdullah Gökoglu mit seiner Frau, wenn die nicht spurt!" murrte er. Man wußte nicht so recht, scherzte er oder meinte er es ernst.

„Probier's!" entgegnete Frau Egerland freundlich und rollte die Pulliärmel hinauf. Da durfte er die schönen weißen Arme bewundern und die nicht zu übersehenden hübschen Muskeln dran. – Frau Egerland hatte keine Angst mehr vor irgendeinem Spiegel. Die Kleider, die sie schon lange im Schrank hängen hatte und die wunderbarerweise gerade wieder im Trend lagen, paßten abermals prima, so daß sie, wo sie ging und stand, allerlei Blicke auf ihre Figur einheimste.

„Eigentlich –" fuhr Herr Egerland zögernd fort,

„Gute Idee, mitzumachen! Dein Bauch geht mir schon lang im Weg um."

„eigentlich sollte ich ja in deinem Kurs mitmachen! Sonst könnte es tatsächlich passieren, daß..." Er sprach den Satz nicht zu Ende, aber Mama Egerland hörte die uneingestandene Furcht aus dem Schweigen heraus, daß sie ihm an Muskelkraft weit überlegen sein könnte.

„Gute Idee!" nickte sie friedfertig. „Dein Bauch stört mich schon seit längerem! Anschließend machen wir einen schönen Aktiv-Urlaub in den Dolomiten oder, noch besser, zu Fuß auf den Kilimandscharo!"

22

Tapetenwechsel

Ingemarie blinzelte vom Bett her ins Tageslicht. Ihr Blick traf den Kalender, der den Vierundzwanzigsten des Monats anzeigte. Morgen war ihr Geburtstag. Ein ganz besonderer. An sich machte Ingemarie um diesen Tag im Jahr nicht viel Aufhebens. Aber gegen diesen morgigen hatte sie etwas. Da wurde sie Sechzig. Sechzig! Ein kalter Schauer durchfuhr sie. Dabei konnte niemand sie als besonders eitles Wesen bezeichnen. Im Gegenteil. Sie guckte nicht sehr oft in den Spiegel, hatte zwei Kinder großgezogen, ihren Mann ein wenig erzogen, Malerei als Hobby gepflegt, wenn sie auch schon ganz nette Sümmchen damit verdient hatte, und ökonomisch gewirtschaftet, was nicht hieß, daß sie schlecht gekocht hätte. Herrn Ebermanns, ihres Gatten, stattlicher Bauchumfang, präsentierte sich als anschaulicher Beweis für gute Mahlzeiten.

„Und warum bist du so schlank wie eine junge Birke?" scherzte er manchmal sie musternd.

Ingemarie zuckte nur die Achseln. Man muß eben aufhören können, wenn's am besten schmeckt. Alte Weisheit, die sie treulich befolgte.

Sie machte vor dem Bett ein paar Lockerungsübungen, um in der Küche mit leichterer Hand das Frühstück zubereiten zu können. Dann schloß sie das Fenster. Herr Ebermann gähnte in der Schlafstatt nebenan hinter vorgehaltener Hand, setzte ebenfalls die Füße auf den Boden und schlurfte ins Bad.

Ein friedliches Frühstück in einer normalen Ehe.

„Weißt du was!" sprach sie eine Viertelstunde später am Tisch, die Tasse in der Hand, zum Gatten, mit dem sie im übrigen seit ewig in einer sogenannten Normalehe zusammenlebte. Der Begriff Normalehe beinhaltete freilich dies und jenes nicht so ganz Normale auch. Zum Beispiel Konfliktsituationen, Krisen, Kräche sogar, das Vorbringen und Durchsetzen der eigenen Meinung, von der man selbstverständlich das Beste hielt. Von Glück durfte man sagen, wenn es innerhalb dieser Situationen im verbalen Rahmen blieb. Also – Ingemarie konnte sich nicht daran erinnern, jemals die Faust ihres Gatten im Nacken gespürt zu haben. Sinnbildlich schon. Jaja! Immer wieder mal hatte er in vergangenen Jahrzehnten probiert, sie die Macht des Stärkeren fühlen zu lassen. Schließlich war der Burgfriede eingekehrt. Jeder wußte, woran er war, die Positionen waren abgesteckt, die Fronten begradigt, die Strategie immer dieselbe geblieben und die Taktik deshalb voraussehbar. Man verschwendete seine Energien anderswo.

Nach einer langen Pause, in der der Gatte friedlich die beiden Frühstückssemmeln bestrich und am Kaffee nippte, Ingemarie vor sich hinsah und geistesabwesend in der Tasse rührte, begann sie:

„Morgen werde ich Sechzig!"

„Kein Drama! Auch ich habe es, wie du weißt, vor drei Jahren über mich ergehen lassen, ohne daß ich dabei Schaden genommen hätte!"

„Bei einem Mann ist es was anderes!" Ingemarie

„Ich mag den Rummel um diese blöden Sechzig nicht! Ich fahre weg!"

zog die Stirn in melancholische Falten. „Aber bei mir…! Also, ein besonderer Geburtstag ist und bleibt es. Zu diesem außerordentlichen Anlaß möchte ich mir was Besonderes wünschen!"

Herr Ebermann ließ leicht verschreckt die Hand mit dem Messer sinken.

„Wie teuer?" fragte er vorsichtig.

„Kostet gar nichts!"

„Ach nein?" Er hob überrascht den Kopf.

„Ich mag den Rummel um diese blöden Sechzig nicht!"

„Na und? Du wirst ihn, wie ich, überleben. Schau mich an!"

„Dieser Sechzigste liegt mir heute noch im Magen!" beteuerte Ingemarie. „Drum mag ich einem ähnlichen entgehen.

Ich mag wegfahren und erst nächste Woche wieder zurückkommen! Das wünsche ich mir als Geschenk von dir!"

„Das ist ja furchtbar!" stöhnte Herr Ebermann.

„Wieso?" warf Ingemarie etwas spitz hin. „Es kostet dich, wie ich schon sagte, keinen Pfennig! Ich werd's von meinem Konto nehmen!"

„Das meine ich nicht!"

„Was dann?"

„Ich habe…" zählte der Gatte mit gequälter Stimme auf, „eine Torte zu hundertzehn beim Konditor bestellt, Blumen jede Menge beim Blumenhändler; die Kinder bringen das Perlenkollier, das wir zusammen für dich ausgesucht und gekauft haben!"

„Von mir aus!" wischte Ingemarie die Aufzählungen vom Tisch. „Ich mag morgen allein sein! Das ist das einzige, was ich mir wünsche! Ist das ein so unbescheidener Wunsch, daß er mir nicht erfüllt werden könnte? Zu meinem sechzigsten Geburtstag!"

Herr Ebermann schwieg. Eigentlich hatte sie recht. Oder vielmehr, dieses in den letzten Zügen liegende zwanzigste Jahrhundert hatte in puncto Frauenrechte und Selbstverwirklichung den Männern manche neuen Einsichten und Erkenntnisse beschert. Er schluckte eine abschließende Bemerkung hinunter. Ingemarie räumte die Küche tadellos auf, legte im Kühlschrank alles so zurecht, daß es auch ein Blinder hätte finden können, führte mit seltener Konsequenz, die niemand bei ihr vermutet hätte, einige klärende Telefongespräche und packte den Handkoffer, vergaß auch nicht, das kleine Schwarze mit den interessanten silbernen Applikationen obenauf zu breiten, ohne daß es Herr Ebermann zu Gesicht bekam, und trug alles zum Auto runter. „Mach's gut!" grummelte er und küßte sie. „Vergiß nicht, mich anzurufen, daß ich weiß, wo du dich..." Beinahe hätte er gesagt „...rumtreibst!" Gott sei Dank schluckte er das häßliche Wort hinunter und brachte statt dessen hervor „...niedergelassen hast!"

„Werde ich!" nickte Ingemarie und tätschelte ihm die Wangen. Er musterte sie mit gekrauster Stirn. Also, die sah doch verdammt nicht nach Sechzig aus! Trotzdem mußte man ihr das immer wieder mal

Zwei Stunden später; vor einem Gasthaus am Ufer eines grünen Bergsees.

hinreiben, daß sie auf dem Teppich blieb und sich keine dummen Gedanken leistete!

Herr Ebermann fand nicht das mindeste Böse bei dieser Überlegung. Es gehörte sozusagen mit zum ganz normalen Ehealltag. Ingemarie aber lächelte wie eine Sphinx, als sie sich zur Tür wandte.

Zwei Stunden später trat sie vor einem Gasthaus am Ufer eines grünen Bergsees auf die Bremse ihres gehobenen Mittelklassewagens, stieg aus und fragte nach einem Zimmer für drei, vier

Nächte. Und da die Saison und auch die großen Ferien erst zum übernächsten Vollmond angingen, hatte sie Glück und konnte bleiben.

Auf dem Balkon atmete sie im Angesicht einiger Zweitausender tief durch. Sie würde trotz der vorgeschrittenen Stunde kurz ins Wasser gehen, gut zu Abend speisen und sodann einen Spaziergang am Ufer entlang machen; dann würde sie wunderbar schlafen – und keinesfalls einen Schnarcher an der Seite haben – und auch keinesfalls an den morgigen Tag denken, an dem sie irgendwas wurde.

Am Tisch, an den sie eine freundliche Saaltochter geleitete, saß schon jemand. Sie grüßte und setzte sich, großartig belebt vom viertelstündigen Kraulen im frischen Wasser des Sees.

Eine köstlich duftende Suppe wurde aufgetragen; sie tauchte den Löffel hinein. Für einen Moment hob sie den Blick. Ihr gegenüber saß ein nett aussehender Mensch, der ihr freundlich zulächelte.

„Guten Appetit!" wünschte der Mensch.

Nur was zum Kartenspielen an einem verregneten Tag?

„Danke, gleichfalls!" – Beim Nachtisch ertappte Ingemarie den anderen bei einer längeren, wenn auch diskreten Musterung ihrer Person. Sicherlich sagte er sich im stillen: ältere Dame mit müden Zügen und dezent getönten Haaren.

Höchstens was fürs
Kartenspielen an einem
Regentag!

Er eröffnete ein unver-
bindliches Gespräch übers
Wetter und die Gegend
und die angenehme Ver-
bindung hierher, und Ingemarie erwiderte dieses und
jenes, so daß der Mensch
sich mit ihrer Stimme,
ihrem Lächeln, nicht weniger angenehm, und dem
etwas sphinxhaften Blick
ihrer Augen vertraut
machen konnte. Sie leerte
ihr Glas, wünschte einen
Guten Abend und machte,
wie sie sich vorgenommen
hatte, einen Spaziergang
um den See. Die Wiesen
rochen so aromatisch, vom
nahen Wald duftete es
nach Nadeln und Laub,
der See klatschte so melo-
disch ans Ufer, und ein
letzter Purpursaum färbte
den westlichen Himmel.

Zeit zum Nachdenken
über die vergangenen
Jahrzehnte.

Sie nahm auf einer Bank
Platz. Was hatte sie er-
hofft, erreicht, unterlassen,
vergessen, verdrängt?

Als es ganz dunkel ge-
worden war, schlenderte
sie zum Hotel zurück. In
der Halle saß bei einer
Illustrierten der Mensch
von ihrem Tisch. Ihre
Blicke kreuzten sich. Sie
nickten sich grüßend zu.
Ingemarie suchte ihr Zim-
mer auf. In der Nacht
träumte sie etwas, an das
sie sich nach dem Erwa-
chen nicht mehr erinnern
konnte. Bilder, Worte,
Töne voller Sehnsucht und
Melancholie hatten darin
eine Rolle gespielt.

Ingemarie schob die
trüben Gedanken beiseite,
machte sich zurecht und
suchte den Frühstücks-

raum auf. Als sie den Menschen bereits an seinem Platz entdeckte, tat ihr Herz einen schnelleren, törichten Schlag.

„Dumme Ziege!" nannte sie sich. Der Mensch rührte etwas nachdenklich, wie ihr schien, in der Tasse.

„Guten Morgen!" machte sie sich mit leicht verunsicherter Stimme bemerkbar.

„Guten Morgen!" Der Mensch, etwa Fünfzig, einsfünfundachtzig groß, mit eindringlichen, von geraden, festen Brauen beschatteten Augen, griff zum Messer, möglicherweise auch etwas verunsichert wie sie, und schnitt sich – autsch – in den Finger, als er die Semmel zerteilen wollte.

„Oh!" Ingemarie Ebermann beugte sich vor und tupfte mit der Serviette das Blut weg. In ihrer Tasche fand sich ein Heftpflaster, das sie auf die kleine Wunde drückte. Er hatte kräftige, wenn auch keine derben Hände mit sauber geschnittenen Fingernägeln, warm und trocken. „Danke sehr!" Er erhob sich halb, eine galante Verbeugung andeutend.

Am Nachmittag badeten sie zusammen. Er bespritzte sie mit Wasser, tauchte unter ihr weg, kam prustend auf der anderen Seite wieder zum Vorschein, um sie wie ein Oberschüler anzulachen. Nach dem Essen wandten sie sich dem Wald zu und führten auf den weichen, verschwiegenen Pfaden Gespräche über Themen, zu denen jeder von ihnen eine durchaus vorzeigbare

Meinung hatte. Der Mensch, der sich mit Vornamen Alexander bekanntgemacht hatte, konnte außerdem auch gut zuhören, was Ingemarie Ebermann sehr beeindruckte. Bevor beide auf die große Wiese hinaustraten, verhielten sie wie auf Verabredung den Schritt, wandten sich einander zu und umarmten sich stumm.

Hand aufs Herz: Kann denn Liebe Sünde sein? – Nein!

Seltsamerweise erinnerte sich Ingemarie während der langen, innig-seligen Umschlingung an den ersten Kuß ihres Lebens mit etwa sechzehn Jahren, nach dem sie geglaubt hatte, die Welt ginge unter, und gleich anschließend an eine Zeitungsmeldung, nach der statistisch nachgewiesen worden war, daß jede zweite verehelichte Frau irgendwann während ihres Berufes, zumeist mit einem Kollegen, fremdgegangen sei. Und da man annehmen durfte, daß auch diese Kollegen zum überwiegenden Teil verheiratet waren, lag die Vermutung nahe, daß auch Herr Ebermann... Sie dachte den Gedanken nicht zu Ende, sondern küßte weiter, und auch diesmal hätte sie sich nicht gewundert, wenn die Welt untergegangen wäre. – Plötzlich wußte sie auch wieder alles vom Traum der vergangenen Nacht! Dieser einsfünfundachtzig große Mensch mit den eindringlichen Augen und den guten, warmen,

Statistiken haben immer recht und beweisen auch gleichzeitig das Gegenteil.

trockenen Händen hatte darin eine tragende Rolle gespielt.

„Ich liebe dich!" flüsterte er an ihrem linken Ohr. „Ich weiß gar nicht, wie das so über mich gekommen ist! Vom ersten Moment an, als du mir gegenüber Platz genommen hattest!"

Ingemarie hielt still, während er sich wieder über ihren Mund beugte, und hatte kein sonderlich schlechtes Gewissen dabei, da durch ihren Hinterkopf die Statistik geisterte, die sich mit den Intimgewohnheiten verheirateter Damen und Herren während ihrer Berufstätigkeit auseinandersetzte.

Als Ingemarie am anderen Morgen erwachte, war der sechzigste Geburtstag vorbei, ohne daß sie überhaupt an ihn gedacht hatte. Sie kramte in ihren Sachen. Heute stand eine wunderbare Bergwanderung an!

Grandma

Direkt neben meinem befindet sich Grandmas Zimmer. Sie war eine große Filmschauspielerin gewesen, aber jetzt hängt sie an der Flasche und qualmt ununterbrochen – eine Sorte für harte Männer, die lassoschwingend auf ihren Pferden galoppieren.

Manchmal höre ich sie nachts im Schlaf reden. Alles kunterbunt durcheinander. Manchmal atmet sie laut, um nicht zu sagen, sie schnarcht ganz ordentlich!

Wir mögen uns. Schon als Vierjähriger wollte ich sie heiraten. Bei ihr kann ich ungestraft eine Zigarette nach der anderen paffen und auch mal einen kippen.

Aus Tunesien hatte sie vor drei Jahren einen kohlrabenschwarzen Kater namens Hannibal mitgebracht, der in ihrem Zimmer fünf superweiche Standplätze nebst einem Kratzbaum hat, obwohl er oft draußen herumstreicht. Anfassen darf ihn keiner, nur Grandma natürlich.

Meine Besuche bei ihr haben, muß ich gestehen, oft nur den Zweck, sie um einen Hunderter anzupumpen, der ihr Portemonnaie nie wiedersieht. Entweder gehe ich geradewegs auf das Ziel los, oder ich warte erst mal die

Stimmung Grandmas ab.

„Bist wieder mal blank?" erkundigte sie sich bei mir.

„Na ja!"

Grandma bewegt sich zum Schreibtisch, zieht eine Schublade auf und fingert einen Lappen raus.

Ab und zu frage ich an, ob sie wohl meine Begleitung wünscht. Sie fährt wie ein Taxidriver. Unverschämt, aber gerecht.

Aber in letzter Zeit schüttelt sie den Kopf zu solchen Anerbieten. Es gelüstet sie nach nichts mehr. Sie hat alles gesehen, geschmeckt und gerochen auf Tourneen oder bei Einladungen auf Yachten und Schlösser. Rom und Florenz, Stockholm, Kitzbühel, das Große Walsertal, das Kleine Walsertal, den Arlberg, Acapulco. Sie hatte die Luft von St. Gallen geschmeckt, die wie frisches Gras roch, und die von Tesserete, die nach Wein und Blumen duftete.

An den Tod glaubt sie nicht. Wozu auch? Mit Sechzig. Ihre Mutter wurde schließlich Dreiundachtzig. Der Verstand sagte Grandma zwar, daß Alkohol und Zigaretten nicht gerade zur Lebensverlängerung beitrugen. Aber daß es schon bald soweit sei, durfte nicht wahr sein, also konnte es nicht wahr sein! Sie hatte eigentlich recht. Ich glaubte ebenfalls nicht an den Tod. Er war wie eine ferne Galaxie, die sich nie der Erde nähern

Grandma war eine wunderbare Frau! Als Vierjähriger wollte ich sie heiraten!

38

würde. Er war ein Zahlen-
spiel in einem abgelegenen
Planquadrat, kein schep-
perndes Gerippe, kein
Nicht-mehr-im-Bett-Auf-
wachen. „Das war ich!" erklärte Grandma mit ihrem
kratzigen Organ und
reichte mir Fotos zu, auf
denen sie mit dramati-
schen Schals und maje-
stätischen Kopfbedeckun-
gen zu sehen war. Ein Bild
zeigte sie in wallendem
Samt mit stolzen Augen.
„So sah ich aus!" Grandma
betrachtete die schon gil-
brigen, alten Schwarzweiß-
Aufnahmen. „Eigentlich
war es ein dummes
Leben!" flüsterte sie mir
wie ein Geheimnis zu. Sie
versank in Schweigen.
Über uns wabberte wie
immer eine blaue Rauch-
wolke. Der Aschenbecher
stank. Ich leerte ihn aus.
Manchmal sitzt sie in

ihrem Ohrenbackensessel
und schaut ins Leere, die
Linke auf dem Fell Hanni-
bals.
   „Was ist, Grandma?"
   „Ach, Adrian, ich denke
über alles nach!"
   „Na und? Muß dir doch
Spaß gemacht haben!"
   „Nein! Ein sehr dummes
Leben!"
   „Aber Grandma!
Du hast es doch weit
gebracht! Stehst sogar im
Lexikon!"
   „Zu viel Zigaretten, zu
viel Mannsbilder, zu viel
Geld verdient und viel für
unnütze Dinge ausgege-
ben!"
   „Und hast eine satte
Pension von Vater Staat!"
   „Nachtigall, ich hör' dir
trapsen!" schmunzelte
Grandma. „Ich werde zwar
ewig leben, aber geh trotz-
dem mal an den Schrank
links neben der Tür!"

Ich tat es. Es handelte sich um ein altes Neu-Renaissance-Stück mit Säulen und Friesen, Muschelaufsätzen und Kapitellen wie ein Schloß.

„Mach ihn auf!"

Ich drehte den Schlüssel, ebenfalls ein kostbares Exemplar aus der guten alten Zeit.

„Jetzt schiebst du die Kleider nach rechts! Es ist alte Bühnengarderobe!"

Wieder folgte ich ihrer Aufforderung. Alles roch nach Naphthalin und Lavendel; es rauschte und raschelte und knisterte.

„Jetzt suchst du den kleinen Haken links unter der Leiste in Schulterhöhe. Ja, da, noch weiter hinten. Ganz nah an der Zwischenwand!"

Ich fand ihn. Ein winziges Objekt wie eine Nagelspitze. Ich rückte an ihr.

Eine goldige Überraschung in Grandmas Kleiderschrank.

Zuerst vor, dann zurück. Die ganze hintere Seitenwand öffnete sich. Ich schaute angestrengt hin, konnte aber im Halbdunkel nicht viel ausmachen. Um etwas Blinkendes, Aufgeschichtetes mußte es sich handeln.

„Greif hinein!" ermunterte mich Grandma und zog an ihrer Zigarette.

Da langte ich zu und hielt längliche Metallstücke in der Hand. Grandma kicherte seltsam, als ich sie mit erstauntem Gesicht beäugte. – Goldbarren! Ich kicherte töricht wie Grandma. Mindestens zwanzig Stück. Sie hatten, wie ich nach und nach feststellte, französische, polnische, holländische, dänische Prägungen.

„Das soll dir gehören, wenn ich – wenn ich in den Himmel aufgefahren bin, was aber ein irgendwie geartetes vorhergehendes Ableben nicht beinhalten soll!" Wieder stieß Grandma ein komisches Lachen hervor.

„Und woher ist es?"

„Ich ließ mich oft mit Goldbarren bezahlen! Ich brauchte es nie! Aber du wirst es nötig haben, wie ich dich kenne!"

„Nicht ausgeschlossen!" entgegnete ich. – Damals ging ich in die siebente Oberschulklasse und wollte der Sklavenhändler Tippu Tip werden! Brutal! Ein Weiberheld. Unermeßlich reich, geschmückt mit Reiherfedern und Tigerfell. Etwas später kam

Heinrich der Seefahrer dran. Mensch, Heinrich der Seefahrer! Mystisch, manisch, melancholisch. Ein einmaliger Typ! Allein am Strand und nach Afrika rüberstierend!

Im Werkunterricht hatte ich mich aufs Töpfern verlegt und tat es auch in unserem Hobbykeller.

„Warst du das mit dem Gartenzwerg?" wollte meine Mutter an irgendeinem Dienstag von mir wissen.

„Ja!" erwiderte ich. Ich hätte ebensogut antworten können: „Gartenzwerg? Wieso? Was ist mit dem?"

Aber ich sagte ja und sah sie penetrant an. Ich mochte sie nicht besonders, seit sie mir den zweiten Stiefvater vor die Nase gesetzt hatte. Mit Grandma stand ich besser. – Im übrigen hatte ich dem Gartenzwerg in einem umfriedeten Rasenstück unseres Hofs einen phänomenalen, hübsch nach oben stehenden Penis getöpfert.

„Du Monster!" zischte mich die Mutter an.

„Also ich finde das nur halb so arg!" mischte sich Grandma ein. „Wir leben im ausgehenden zwanzigsten Jahrhundert, meine Teure! Pingeligkeit ist nicht am Platze. Man muß dem Leben nicht nur die Stirn bieten, sondern eben auch das andere nicht unter den Scheffel stellen."

Grandma hatte sehr würdig gesprochen. Sie zwinkerte mir zu.

„Du stehst immer auf Adrians Seite!" fauchte Mama. Ich überlegte, was ich ihr sonst noch Gutes antun könnte außer der Tatsache, daß sie zum nächsten Schulschluß vergeblich auf meine Versetzung warten würde.

Eines Tages kam Grandma von einem Arztbesuch zurück. Ihr Blick schweifte unter den düsteren Augenbrauen über mich hin.

„Was ist los?"

„Alles positiv!" gab sie von sich.

Sonderbare Bezeichnung für eine Sache, die eigentlich als echt negativ zu bewerten war.

„Das mit der Unsterblichkeit ... Also – manche müssen, glaube ich, doch so mir nichts, dir nichts emporschweben zum lieben Gott ...!"

Grandma zündete sich eine Zigarette an.

„Das mit der Unsterblichkeit..." begann sie. „Also – manche müssen doch so – so mir nichts, dir nichts – emporschweben zum lieben Gott."

„Glaub's nicht!" tröstete ich sie. „Alles Blabla! Man muß sich an seine Unsterblichkeit hängen. Das ist alles."

Trotzdem riß plötzlich eine Wand wie bei einem Erdbeben vor mir auseinander. Wie der Schleier vor der Bundeslade. Alle Schätze der Welt da. Lichtflammen brachen hervor, Meere von Licht! Luxusliner mit sieben Swimmingpools und achtzehn Fitneßzentren, Jaguare, Cadillacs. Die Pisten nach Arizona, Acapulco, zum Kilimandscharo, Matterhorn. Wolkenkratzer, der Eiffelturm, Strände mit Palmen und weißem Sand, der Buckinghampalast, die Copacabana, das Tadsch Mahal. Kellner in weißen Jacken, chromblitzende Armaturen an Tresen, messingbeschlagene Rezeptionen, zentnerschwere Lüster in Hotelfoyers, Bauchtänzerinnen, Rikschas, Kutschen, Tennisplätze, weiße Yachten... Hurra!

Am zehnten August, einem Donnerstag, erwartete mich Grandma in einem Chanel-Kostüm, grau-weiß. Es stand ihr vorzüglich, aber sie mußte in den letzten Wochen abgenommen haben. An den Füßen trug sie flache Schuhe aus Florenz, in der Farbe des Kostüms. Die Haare lagen glatt an, von Mario, dem Friseur, in großartigstem Lila eingefärbt, ebenfalls gut zum Kostüm passend. Ihr immer noch schön geschwungener Mund strahlte in einem unwahrscheinlichen, zum Lilahaar abgestimmten Mandelblütenrosa.

Grandma fuhr an der Isar entlang, bog zur Wittelsbacher Brücke ab und durchquerte die Vorstädte. Die Sonne stach mit brennender Schärfe wie ein Operationsmesser runter. Draußen stellte sie den Wagen ab, und wir steuerten das Hochufer an. Grandma lächelte unter ihren lila Haaren wie ein Kind. Alle Sünden, die sie je begangen, waren von ihr abgefallen wie welke Blätter vom Baum.

„Seit mindestens zwanzig Jahren war ich nicht mehr hier. Es hat sich gar nichts verändert!"

„Darf auch nicht! Dar-

Bäume werden, je älter, desto schöner.

über wacht der Isartalverein!"

„Ach ja!" Grandma blieb vor einem uralten, himmelhohen und tausendfach beasteten Baum stehen und guckte hinauf. „Die Bäume werden, je älter, desto schöner! Und wir um so häßlicher!" Sie entblößte ihre bleichen, aber kostbaren Zähne.

„Aber Grandma! Das trifft auf dich nicht zu! Ich bin ganz verliebt in dich!"

Grandma kicherte wie ein junges Ding.

Wir trafen wenig Spaziergänger. Hie und da fiel ein gelbes Blatt auf uns herunter. Die Sonne fingerte zwischen dem Astwerk. Der Fluß blinkte herauf. Grandma tat, als sähe sie alles zum erstenmal.

„Möglicherweise gibt es doch irgendwas hinterher!" schwatzte sie vor sich hin. Und: „Ich möchte nur einen einzigen außer dir da hinter dem allerletzten Abendrot wiedertreffen. Meinen Bruder! Er starb als halbes Kind. Ich trug ihn umher. Ich war acht Jahre älter als er. Später sah ich seine Hausaufgaben durch. Ich baute ihm von seinen Klötzchen Häuser. Er liebte mich, ich liebte ihn: Seine kleinen Hände, den blonden Schopf, die blauen Augen! Ja, das möchte ich wiedersehen!"

Wir stiegen über Bodenwurzeln, wichen einer Pfütze aus. Mancher Entgegenkommende beäugte Grandmas lila Haarpracht.

Auf dem gegenüberliegenden Ufer kam die Burg in Sicht. Es roch nach Erde und Gras. Grandma würdigte die Villen hinter den alten Bäumen keines Blickes. Besitz, Macht, Geld, Ansehen bedeuteten ihr nichts mehr.

In einem Gasthaus mit Blick von der Terrasse ins Tal kehrten wir ein. Tief unten schlängelte sich der Fluß im weißen Kieselgrund. Links und rechts schäumte der dichte Mischwald hoch. Die Luft fächelte wie im Mai. Ein ausnehmend lieblicher Spätsommertag war das heute. Wir aßen in Wein geschmorte Rinderzunge mit Kartoffelsahneschnee, garniert mit jungen Karotten.

Am nächsten Tag nahm Grandma in ihrem großen, alten Ohrenbackensessel

Platz und begann an einem schwarzen Wollstrickzeug zu nadeln. Hannibal verfolgte von einem seiner superweichen Plätze her aufmerksam das Spiel.

„Ich werde es im Sarg tragen. Schwarz steht mir. Besonders zu den lila Haaren muß es umwerfend aussehen!" Grandma zeigte ihr kostbares weißes Gebiß.

„Aber Grandma, wir sterben doch nicht!"

„Ich bin mir nicht mehr so sicher!" Sie sah an mir vorbei.

„Glaub mir, Tod ist ein Märchen! Der Stein ist tot. Der Fels ist tot. Stahl und Eisen sind tot. Sogar Gold und Edelgestein. Aber du wirst nicht sterben! Alles, was lebt, bleibt ewig erhalten! Das habe ich vor kurzem gelesen. Das gefällt mir!"

Man muß sich einfach an seine Unsterblichkeit hängen!

„Du hast recht!" murmelte Grandma. „Es gibt den Tod nicht!" Sie guckte auf ihre Hand herab, die das Strickzeug hielt. „Wahrhaftig, ich kann mir diese Hand nicht als bleiches Knochengerüst vorstellen! Es geht über mein Begriffsvermögen! Es kann nicht sein! Ich werde immer leben! Du hast recht!"

Plötzlich legte sie den Kopf schief und lauschte zum offenen Fenster hin.

„Hörst du?"

„Nein! Was soll ich hören?"

„Da, schon wieder!"

„Aber was denn, Grandma? Nichts gehört!"

„Doch, doch! Jetzt wieder! In dieser Jahreszeit! Fast noch Sommer! Das war sonst nie! Raben!"

„Aber ich habe nichts gehört!"

„Fast noch im Sommer! Und in der Stadt! Das war noch nie!" hauchte Grandma und ließ das Strickzeug etwas mutlos in den Schoß sinken. Ich spitzte die Ohren, ohne allerdings was von einem Rabenschrei zu vernehmen.

Eine Zeitlang sah Grandma vor sich hin, richtete sich auf, fiel in den Sessel zurück. Ihre großen, plötzlich verzweifelten Augen mit den noch starken Brauen darüber starrten blicklos vor sich hin.

„Grandma!" rief ich sie zu mir zurück. Wir gehörten zusammen. Ich wollte keine Veränderung. Scheiß

Goldbarren! Ich wollte sie nicht!

„Mitten im Sommer! Morgen werde ich die anderen hören!"

„Welche anderen?" Ich flüsterte es widerwillig.

„Die Wölfe!"

– So häufen sich bei Grandma die Ahnungen, daß sie möglicherweise wie alle anderen Lebewesen sterblich sein könnte.

„Vielleicht an einem Vorfrühlingstag! Die erste Amsel! Schneematsch! Weiße Wolken wie Wattebäusche. Die Trambahn weiß nicht, daß ich tot bin! Das Amselmännchen singt auf dem Vorgartenzaun weiter! Also, das begreife ich nicht!"

„Echt nicht nachvollziehbar!" bestätigte ich. Wie gesagt, ich wollte nicht, daß sie von dieser Welt ging.

„Aber was ist mit dem Totenvogel, den ich nachts höre?"

„Mir ganz neu!" protestierte ich. „Muß ein Traum von dir gewesen sein!"

„Kein Traum!" Grandma schüttelte schwermütig den Kopf, daß die lila Haare in einem Lichtreflex aufglimmten wie die Augen einer Hexe vorm Kessel mit einem verdächtigen Sud.

„Wenn ja, war's ein verirrter Uhu!" lenkte ich ein.

„Ein widerliches Geschrei war das! Ich werde davon wach und denke an vergangene Zeiten!"

„O Gott!" fiel ich in der Befürchtung ein, sie würde davon berichten, wie es früher gewesen war. Die schrecklichen Geschichten vom Krieg.

„Nein, nein!" schüttelte Grandma den Kopf. „Das nicht! Der positive Befund, weißt du, der paßt mir gar nicht ins Konzept! Ich mag ihn nicht. Mag sterben wie ein Baum. Man hat sein Karma. Eine Zigeunerin sagte es mir mal. Ich werde sterben wie ein Baum. Aufrecht!"

Grandma zündete sich eine an, sog den Rauch tief ein und stieß eine gehörige Dampfwolke aus ihren Nüstern wieder aus. Es war ein Ritual, das ich kannte, seit ich lebte.

„Karma – was ist das?"

„Karma – Karma ist der Weg, den man gehen muß! Das Schicksal, dem man ausgeliefert ist!" Grandma qualmte weiter.

„Ich habe den Glauben an meine Unsterblichkeit verloren!" Grandma beugte sich zu Hannibal runter, der sich auf dem Ohrenbackensessel putzte.

Er war ein äußerst rein-lichkeitsbewußtes Subjekt. Er hob den Kopf, mit der Säuberung einhaltend, als dächte er über das Gesagte nach.

„Ich glaube jetzt, daß ich eines Tages überhaupt keinen Blutdruck mehr haben werde. Weder einen zu hohen noch einen zu niedrigen. Und die Tram-bahnen werden weiter fah-ren, ohne sich darum zu kümmern!"

Hannibal sah sie nach diesen letzten Worten ernsthaft an. Die Pupillen in den gelben Augen ver-engten sich zu einem mes-serscharfen Spalt. Bedäch-tig leckte er sich sodann über die Pfote und fuhr mit ihr hinter die Ohren.

Grandma fuhr fort:

„Lungenkrebs!"

Ich legte die Zigarette, die ich mir grade angezün-

„Ich werde wie ein Baum sterben. Aber du sollst ewig leben!"

det hatte, weg. Als Vier-jähriger hatte ich sie heira-ten wollen.

„Komm zu mir her!" fing Grandma wieder an.

Ich folgte ihrer Auffor-derung.

„Ich werde wie ein Baum sterben. Aber du sollst ewig leben!"

„Ja, Grandma!"

„Versprichst du mir das?"

„Ja, Grandma!"

„Versprichst du mir noch etwas?"

„Ja, Grandma!"

„Daß du heute die letzte Zigarette geraucht hast!"

Nach einer Pause erwi-derte ich:

„Ja, Grandma!"

49

In den großen Ferien einfach den Globus auf den Kopf stellen.

„Dann wollen wir die Zeit, die mir noch bleibt, den Globus auf den Kopf stellen und eine Reise machen, von der du deinen Enkeln noch erzählen wirst!"

„Ja, Grandma!"

Wir warteten die großen Ferien ab und machten uns davon. Grandma fuhr wie immer ihren flotten Zahn. In Thrakien kletterte sie ins Freie und sah sich um. Die bergige Landschaft menschenleer. Unter Oliven lagen schwarze Ziegen im Schatten.

„Hier ist meine Seele zu Haus! Ich weiß, daß ich vor dreitausend Jahren mal eine Nymphe war und von einem Baum runter auf Pans Flötenspiel horchte."

Wir badeten im Schwarzen Meer, dann im Mittelmeer, ließen den Wagen in Piräus und stiegen auf Fährboote über. Auf Zypern verglich ich Grandma mit Aphrodite und auf Kreta mit der Ariadne. Auf Ithaka wollte ich mir ganz in Gedanken eine lange, griechische Zigarette anzünden. Ich warf sie wieder weg. Auf Korfu schnappten wir uns einen halbverhungerten jungen Hund, badeten ihn, brachten ihn zu einem Veterinär und erklärten dem Vierbeiner, daß er ab sofort zu uns gehören würde. Er akzeptierte es. Grandma wurde von Tag zu Tag schöner. Ich glaube eigentlich doch, daß sie unsterblich ist.

Sag zum Abschied leise Servus!

Was braucht der sechzigjährige Mensch vordergründig und hintersinnig fürs Gemüt und die Stimmung und Seelenbalance und für die Bewältigung der Probleme, die er auch in diesem durchaus noch mittleren Lebensabschnitt aufgehalst bekommt?

Erraten?

Nein?

Na, ganz einfach: Ein bisserl Drehorgel! Einen Leierkasten. Dazu einen Leierkastenmann, neuerdings auch Leierkastenfrau!

Und weshalb?

53

Ebenso einfach: Der Drehorgel- bzw. Leierkastenmann legt mit seinen Liedchen aus ferner Zeit den Finger auf eine Wunde, die nie ganz verheilte! Sozusagen eine offene Stelle, aus der immer noch Herzblut rinnt, und in die die Bitternis des Lebens wie scharfe Säure tröpfelt.

Für Bella Zierschein, sechzig Jahre und drei Monate alt, hat der Tag gar nicht gut angefangen. Eine Nachzahlung von einigen hundert Mark fürs Grab des bereits entschlafenen Mannes wurden postalisch angemahnt. Der Sohn hat schon um neun Uhr morgens per Telefon bescheiden bei der Mama angefragt, ob sie ihm zum Kauf der Eigentumswohnung etwas zuzahlen würde – eine runde Summe selbst-

redend. Und der Kuchen, den sie für die Tochter gebacken hatte (für morgen zum Mitnehmen an irgendeinen Urlaubsort in den Alpen), ist ihr nicht so geraten, wie sie gerne gehabt hätte. Sie würde einen neuen backen müssen!

Plötzlich greift der Leierkastenmann am Wegrand in seinen Leierkasten. Es trifft Frau Zierschein wie ein Stoß. Das dürre, schwarzgewandete Männlein mit dem schwarzen Zylinder auf dem Häuptlein dreht und dreht, und hervorquillt die fliederweiße, rosarote, veilchenblaue schöne Lüge. Aber was heißt schon Lüge!

Das Bohren in der Vergangenheit – ein süßer Stachel im Herzen!

Frau Zierschein bleibt stehen. Ihre Sorgenfalten um die Nachzahlung fürs Grab des verblichenen Gatten, die Bitte um den Zuschuß für die Eigentumswohnung, um den mißratenen Kuchen glätten sich. Sie lächelt in die auspuffgeschwängerte Großstadtluft hinein, so daß sich ein entgegenkommender Mitvierziger die Krawatte zurechtrückt in der Annahme, er sei gemeint. Aber woher denn!

Frau Zierscheins geistiges Auge und Ohr weilen in der Vergangenheit, die damals, als Gegenwart, vielleicht nicht so fliederweiß und rosenrot war. Aber jetzt steigt eine Ahnung von ungeduldiger Erwartung, süßer Torheit, von Mondenschein und Sternenglanz um irgendeinen Jüngling auf. Die

Abende am Fenster, wenn der Tau über die Wiesen fiel. Die Träume von der schönen, weiten Welt! Weg von der Schule und aus dem engen Zimmer und der kleinen Stadt! Meeresstrände, Urwälder, Bergeshöhen, Pinien, Palmen, Affenbrotbäume, Elefanten, Luxusliner, Fata Morganas, alte Kastelle am Meer, Wüsten, Oasen, Wolkenkratzer...

„Darf ich um den nächsten Tango bitten –" fleht es aus dem Leierkasten. Und da muß Frau Zierschein an ihre zweite große Liebe denken, die unerfüllte, unglückliche – zum jungen Zahnarzt Dr. Gerhard Reis, dem sie einen kerngesunden Zahn auf dem Altar der Liebe geopfert hatte – in der kleinen Stadt an einem x-beliebigen Zufluß der Donau. In die alte Praxis des verstorbenen Kollegen war ein Nachfolger gezogen, und eine sechzehnjährige Bella hatte schon bald darauf herausgefunden, daß dieser Doktor Reis jung, groß, gut gewachsen war. Ein Mannsbild fast ohne Fehl und Tadel, so wie ihre Zähne leider auch! Zweiunddreißig an der Zahl, weiß und regelmäßig. Wie sollte man unter diesen Umständen in seine Nähe kommen?

Trotzdem erschien sie eines schönen Tages in der Praxis, und teilnehmend erkundigte sich der junge Zahndoktor nach ihren Beschwerden.

„Da hinten links, links unten!" stotterte sie errötend.

„Aber der ist ja kerngesund!"

„Tut aber weh!"

Erinnerung gehört zum Leben – besonders, wenn sie so schön ist.

„Kann nicht sein!"

Der Herr Doktor schüttelte den Kopf und guckte sich die Zahnwehpatientin an, sechzehn Jahre alt, mit großen, jungen Augen, einem jungen, roten Mund, jungen, seidig knisternden, kastanienbraunen Haaren. Und der Zahn, der angeblich weh tat, konnte keinesfalls schmerzen.

„Bittschön, ziehen!" wisperte die sechzehnjährige Unschuld.

„In Gottesnamen!" Der junge Zahnarzt griff nach der Spritze, wartete die angemessene Frist ab und zog. Ein kerngesunder, weißer Zahn lachte ihn von der Zange her an.

„Kann denn Liebe Sünde sein –" dreht der Drehorgelmann. O Gott, da kommt Frau Zierschein das Verhältnis mit dem Ricardo in den Sinn. Verheiratet, zwei Kinder, eine verbotene Liebe, wild, leidenschaftlich, verheimlicht, voller Ängste und Skrupel und Eifersuchtsqualen. Tränen, Trennung, Wiedersehen in regelmäßigen Abständen und Wiederholungen. Dann ging plötzlich von ganz allein alles zu Ende. Wie? Sie hatte es vergessen.

„Schön war die Zeit, da wir so uns geliebt –" weint es aus dem Leierkasten. Frau Zierschein steht mitten auf der Straße. Rechts und links drängen die Menschen vorbei, sehen sie dumm an oder bleiben wie sie stehen. Nur nicht so lange. Münzen klappern in das Tellerchen auf dem Kasten. „Danke sehr!" säuselt der Leierkastenmann und zieht das Zylinderchen. Und dreht weiter. Frau Zierschein schließt die Augen. Sie will weglaufen. Wohin? In die Vergangenheit zurück? In die Zeit, in der sie zwanzig war. „Sehnsucht, wohin führst du mich?" – Vater tot, Mutter tot, Mann tot! Allein auf der Welt! Sie will ein bißchen weinen.

Aber geh, Bella! Stimmt ja alles gar nicht! Nimm dich zusammen! Hast einen Sohn, eine Tochter, diverse Freundinnen, einen Turnverein, in dem du zweimal die Woche flott die Glieder bewegst, hast einen Sprachkurs belegt, gehst ins Kino, wann du magst, ins Café, unterstützt als tätiges Mitglied ein Selbsthilfekonzept.

Verlier dich nicht in Selbstmitleid. Geh nicht die verwachsenen Pfade in die Vergangenheit!

Aber es ist ein süßer Schmerz, das Bohren in der Vergangenheit! Ein süßer Stachel! Bella Zierschein möchte ihn von Zeit zu Zeit spüren. Zum Leben gehört eben die Erinnerung.

„Die Erinnerung ist das einzige Paradies, aus dem wir nicht vertrieben werden können!" (Jean Paul)

Mein Gott, dann laß halt das gesamte Repertoire von Herz und Schmerz, Scheiden und Meiden, Sternenglanz und Mondenschein, Wellenrauschen und Windsausen über dich kommen! Achte aber nicht auf den Talmiglanz, die sacharinsüße Lüge, die vorgetäuschten Gefühle, die gebrochenen Versprechen, die falschen Schwüre, den trügerischen Hauch von Rosenrot und Veilchenblau darüber!

„Man könnte sonst," sinniert Frau Zierschein, „ja am Frust der Welt verzweifeln!" Ja, ein Quentchen von alledem, war es auch wie Schaum auf dem Ozean des Lebens, möcht' schon sein!

Ein bisserl Drehorgel braucht der Mensch! Das ist die ganze Weisheit! Das ist wie der Finger auf der Wunde des Lebens. Und das Pflaster gleich dazu!

Frau Zierschein tut aus ihrem Portemonnaie einen Silberling und wirft ihn dem Leierkastenmann in das Tellerchen.

„Danke sehr, schöne Dame!" Er spielt als Dreingabe noch „Sag zum Abschied leise Servus!", bevor er weiterzieht.

Wartezeit

„Lieber Gott, hilf mir doch!" flehte Frau Josephine Hohenkamm das Wesen irgendwo über sich im unendlichen Raum an, das sie noch nie gesehen hatte, dessen Existenz jedoch weitgehend als gesichert galt, ob von Juden, Christen, Muslimen oder Fidschi-Insulanern. „Ich opfere dir mein Armband von hundertfünfzig Gramm Vierzehnergold mit Brillantverschluß, wenn du mir meinen Mann wieder aus den Armen der Abteilungsleiterin Gusti Beserl befreist!" Der liebe Gott dachte ein bißchen nach, kratzte sich am Hinterkopf und erwiderte:

„Eigentlich seh' ich das nicht als echte Lösung an. Gold hab' ich selber genug! Erzähl mir lieber konkret, wie alles gekommen ist!"

„Ja also," fing Frau Josephine an, „weißt du, ich bin halt sechzig Jahre alt, verstehst, und diese Gusti Beserl ist – hm –, ich glaube, so an die dreißig. Da besteht für mich doch keine reelle Chance mehr! Er kommt nicht mehr regelmäßig vom Dienst heim! Mal eine Stunde später, mal erst um elf Uhr nachts. Und an zwei Sonntagen hat er plötzlich irgendwohin müssen. Geschäftlich, hat er betont.

61

Als Frau fängt man da an zu überlegen! Und ich habe diese Gusti Beserl als Ursache meines Unglücks ausfindig gemacht!"

„Hat er irgendwelche Erklärungen vorge-bracht?" wollte der liebe Gott wissen.

„Am Anfang schon! Dann hat er sich diese Mühe nimmer gemacht!"

„Über die Midlife-crisis müßt' er schon hinaus sein!" sinnierte der liebe Gott. „Deine Reaktionen zum Fall hätte ich freilich gern gehört! Aber bitte keine Ausflüchte und be-schönigende Halbwahrhei-ten! Die mag ich schon gar nicht!"

Josephine Hohenkamm mußte sich vor Verlegen-heit erst räuspern, denn genau das, das Drum-herum-Reden und man-chen bösen Ausspruch von

Auch der liebe Gott weiß nicht alles.

ihr selbst zur Sache hatte sie tatsächlich unter den Tisch kehren wollen.

„Also – hm – Moment, da müßte ich direkt – ja freilich –!"

„Heraus mit der Spra-che!" mahnte der liebe Gott. „Sonst kann ich nichts für dich tun!"

„Also – einmal – ja also, einmal habe ich gesagt: Kommst wieder von deinem Flitscherl!"

„Flitscherl? – Was heißt Flitscherl?" – Der liebe Gott weiß auch nicht alles.

„Flitscherl – Flitscherl ist ein – ein ziemlich leich-tes Mädchen. Eines, das man leicht haben kann, das aber auch leicht wieder woanders hingeht! Zum nächsten Kavalier, weißt!"

„Ah so! Das war natürlich psychologisch – äh – natürlich wollt' ich sagen, von der christlichen Demut her, ganz verkehrt! Daß dein Mann da überhaupt noch mal heimgekommen ist, darfst du als Wunder betrachten!"

Josephine Hohenkamm ließ den Kopf sinken. Die Tränen flossen.

„Ich bin halt auch nur ein Mensch!" schluchzte sie auf. „Manchmal rutscht einem im Zorn was heraus! Jetzt bist du am Zug, lieber Gott!" Sie hob vertrauensvoll die Stirn zu ihm auf.

Das Rezept Gottes: Neues Outfit, freundliches Wesen, charmantes Plaudern . . .

Der liebe Gott musterte sie von oben bis unten.

„So unflott schaust du gar nicht aus! Du bist doch noch gut beieinand! Weißt was, wenn wir zwei zu einem Resultat gekommen sind, fährst du in die City und kaufst dir ein schickes Kleid, pink mit aubergine! Und flotte Schuhe. Und von morgen an kein häßliches Wort mehr zu deinem Mann! Sondern im Gegenteil; ein freundliches Gesicht ihm gegenüber bitte ich mir aus, was Gutes mußt du ihm kochen, was Interessantes erzählen, beim Abspülen und Bügeln singen. Und zwei- bis dreimal die Woche gehst du aus!"

„Wohin denn?"

Da mußt du dir was einfallen lassen!" meinte der liebe Gott schmunzelnd. „Ins Kino, in ein Alters-

Gottes Ratschlag: Freizeittherapie und soziales Engagement.

heim, ein Gefängnis, zu einer Behindertengruppe, einem Anti-Drogen-Kreis etwa! Da vergißt du deine Sorgen im Handumdrehen! Überall kannst du da deine Hilfe anbieten und irgendeinem Hilflosen unter die Arme greifen! Moralisch und wörtlich und seelisch und so! Bei dieser Tätigkeit kommt kein Grübeln, keine Traurigkeit, keine Resignation auf, auch wenn du schon Sechzig bist und die Konkurrenz erst Dreißig! Aber das sage ich dir…", der liebe Gott hob den Zeigefinger, daß er einen langen Schatten an die Wand warf, „…wenn du auch

nur einen meiner Ratschläge nicht befolgst, war alles umsonst und der – wie heißt er gleich, Reiner, bleibt bei seiner Gusti!"

Frau Josephine Hohenkamm versprach dem lieben Gott in die Hand hinein, alles so zu machen, wie er ihr geraten. Sie fuhr in den Mantel, schlüpfte von den Hausschlappen in ihre Straßenschuhe und kaufte sich in der Innenstadt ein schickes Kleid und dazu elegante Lackpumps, kehrte in ihr nettes Einfamilienhäuschen am Rand der Stadt zurück und kochte für den Abend etwas Extrafeines. Sie erzählte dem Reiner, als er ausnahmsweise pünktlich aufkreuzte, von einem Gockel mit zwei Köpfen, der Wiederheirat ihrer Kusine Edelgard und der Gasexplosion, die beinahe einen Toten gefordert hätte. Dann ging sie in die Küche und sang beim Abwaschen – wenn man es auch des hohen Geräuschpegels der Spülmaschine wegen nicht sehr gut hören konnte – und machte sich mit dem neuen Kleid fein, tat auf die Lippen einen Hauch Helena Rubinstein, und winkte dem arglos dasitzenden Sünder freundlich zu. Draußen schwang sie sich aufs Radl und fuhr zwei Kilometer weit, wo sie eine junge Frau wußte, die nach der dritten Entbindung gelähmt war, wenn auch nur für ein Jahr, wie der Doktor versicherte, und half bis in die Nacht hinein der Gott sei Dank noch vorhandenen Oma beim Kinderwickeln, Flasche geben, Wäschewaschen, Staubsaugen und so weiter. Als sie nach Hause kam, schämte sie sich ein wenig ihrer vergleichsweise leichtgewichtigen häuslichen Misere gegenüber dem echten Unglück, das die soeben verlassene Familie getroffen hatte. Du lieber Gott, im Rollstuhl sitzen zu müssen und nicht mitarbeiten zu können! Am nächsten Tag fragte sie in einem Heim um aushilfsweise, ehrenamtliche Beschäftigung nach und ging dann mit einem einbeinigen Negerbuben, der unter die Granaten von Rebellen geraten war, eine Stunde spazieren. Am nächsten Tag half sie wieder der Oma und der Mutter im Rollstuhl, am übernächsten blieb sie zu Hause und sang besonders lang beim Kochen und auch beim Abwaschen. Anschließend ließ sie die Nähmaschine

65

für ein zweites, ebenso schickes Kleid in petrol, grau und ziegelrot surren. Eine tolle Schöpfung! Schon wollte sie es anziehen, da besann sie sich und verehrte es einer Frau, deren Mann Alkoholiker war und der alles in Schnaps umsetzte, was nicht angenagelt war. Im Hinterkopf behielt sie ihn für eine geeignete Therapie, welche, das würde sie schon herausbekommen.

So nahmen wie bei einem Schneeball-System die Turbulenzen von Tag zu Tag zu, weil sie laufend Möglichkeiten erkannte, hier zu trösten, dort zu hel-

Josephine engagiert sich und vergißt darüber fast ihre eigenen Probleme.

fen, da einzuspringen. Nichtsdestoweniger sang sie immer fröhlichere Lieder in der Küche, wollte aber sonderbarerweise gar nichts mehr über den Arbeits- und sonstigen außerhäuslichen Alltag des Gatten wissen.

Als sie einmal rechtschaffen müde von einem dringend notwendigen Einsatz zurückkam, lag auf dem Tisch im Wohnzimmer ein Brief vom Reiner, sie sollte nicht böse sein, aber er müßte zur Gusti! Es sei sein Schicksal, gegen das er machtlos wäre. Wieder wunderte sie sich, daß es sie nicht so traf, wie sie erwartet hatte und wie es vor einem Vierteljahr ganz gewiß noch der Fall gewesen wäre, nämlich fast wie ein Weltuntergang!

Sie nahm einen Halbtagsposten in einem Supermarkt an, radelte und marschierte zu Menschen, die sehnsüchtig auf sie warteten, auf ihr plötzlich so freundlich-mildes Gesicht, weil sie ein wenig Liebe, Trost oder Hilfe nötig hatten. Sie kaufte sich auch ab und zu weiter ein neues Kleid, wenn es ihr irgendwo aus einem Schaufenster entgegenlachte, oder nähte sich eins, und sang weiter, auch wenn der Reiner gar nicht mehr zuhörte.

Weshalb eigentlich so allein im Häuschen bleiben. Da gab es eine dreiköpfige Banater Aussiedlerfamilie, in einem Zimmer zusammengepfercht! Die holte sie zu sich. Die Eltern arbeiteten auf einem landwirtschaftlichen Versuchsgut an neuen Getreidesorten und Bodenkulturen, der vierjährige Bub blieb

bei ihr, spielte mit Nachbarskindern bald im Garten, und wenn ihm eine Laus über die kleine Leber lief, legte er seinen blonden Schopf in ihren Arm.

Von überströmendem Wiedersehensglück kaum eine Spur!

Eines Abends klingelte es an der Haustür. Sie öffnete. Der Reiner stand mit einem mittelgroßen Koffer draußen. Er sagte nichts, hatte aber die Schultern komisch eingezogen, als ob er frieren würde.

Die Josephine ließ ihn ein. Klar. Im Wohnzimmer saßen sie sich gegenüber. Eigentlich hätte sie am nächsten Tag ein gerütteltes Maß an übernommenen Pflichten vor sich.

67

Auch war während des vergangenen Tages allerhand los gewesen. Sie gähnte hinter der vorgehaltenen Hand.

„Vorher schreiben oder telefonieren hättest du schon können!" warf sie hin. Der Reiner hob verdutzt den Blick. Da merkte er wenig von überströmendem Wiedersehensglück, wie er es als Mann, der freiwillig an den häuslichen Herd zurückkehrte, erwartet hatte! Irgendwie fehlte ihm der Durchblick. Trotzdem war er froh, die altvertraute Umgebung vor sich zu haben. Er setzte stockend zum Sprechen an.

„Weißt, die Gusti, nein, auf die Dauer –". Und er redete von „Irrtum des Herzens" und „Nie mehr tue ich so was" und „Leider habe ich zu spät gemerkt, daß sie nicht kochen kann …"

Die Josephine gähnte nochmals.

„Ist schon gut!" nickte sie. Es berührte sie alles nicht mehr so. Fast hatte sie ein schlechtes Gewissen bei dieser Überlegung.

Aber unleugbar: Ihre inständige Bitte an den lieben Gott hatte geholfen. Womöglich nur ein bißchen spät. Zu spät? Immerhin konnte er morgen ein paar Nägel einschlagen und drei Büchsen öffnen, die sie selber nicht aufbrachte!

Herr Wolf in Omis Bett!

Allmählich geht mir die pausenlose Observation meiner Person auf den Geist!" knurrte der Wolf Rotkäppchen zu, das er am Trimmpfad öfters traf. „Weißt was, ich heirate die Großmutter, dann ist der Fall erledigt, und ich hab' auch eine Bleibe für den nächsten Winter. Ihre paar altersbedingten Wehwehchen nehm' ich in Kauf. Dafür kocht sie gut, hat 'ne vierstellige Rente und ein warmes Bett!"

Rotkäppchen freute sich, daß es dann nicht mehr dauernd durch den tiefen Schnee oder im Sommer, wenn es surfen gehen wollte, zur Großmutter mußte, nur weil die in der Stadt eine Eigentumswohnung, weitervermietet zu DM 25,– pro Quadratmeter, besaß und die Aussicht bestand, daß man die mal erben könnte. Bei Großmutters lumpigen Sechzig würde man da noch lang drauf warten müssen. Tatsächlich ließ sich alles bestens an. Die Hochzeit feierte man im engeren Familienkreis. Ein bißchen Angst bekam Omi schon vor den glitzernden Lichtern einiger Jungwölfe an der Tafel, die nicht schlecht hineinschoben, was hineinging.

Der Wolf nahm innerhalb kurzer Frist drei Kilo

Großmutter und der Wolf vor dem Untersuchungs- ausschuß.

zu und begann zu rauchen wie ein Förster. Ein halbes Jahr später meldeten sich zwei Herren von der nächstliegenden juristischen Fakultät zu einigen Grundsatzfragen an.

„Meinetwegen!" sagte die Großmutter, die schon ohne Stock ging, keine Schlafmütze mehr aufsetzte und sich neben einem aufwendigen neuen Gebiß in Form einer erstklassigen Zahnimplantation eine rotblonde Perücke unter den Nagel gerissen hatte. „Die werden wir das Fürchten lehren!"

Herr Wolf zog seinen Raiffeisensmoking an, kaufte sechs Dosenbier à siebenundfünfzig Pfennig und empfing die Wissensträger auf der Geißblattveranda.

„Meine Herren", begann er mit gebremster Freundlichkeit, „ich glaube annehmen zu dürfen, daß Sie hier bei – hähä – psychoanalytischen Identitätsbohrungen fündig werden wollen, und Sie können mich durchaus als kreative Kommunikationspotenz einstufen, so tief Sie auch in neuro-erotische Zonen meines Seins vorzustoßen gedenken!"

Man merkte aus der Wahl seiner eleganten Formulierungen, daß er von Großmutters Sachbuchbibliothek was mitbekommen hatte. Dumm konnte man ihn nicht schelten.

„Es könnte sich beim vorliegenden Fall um ganz

ordinären Heiratsschwindel handeln, eventuell sogar um eine Scheinehe zur Erlangung der Staatsbürgerschaft!" rückten die Kriminologen Wolf auf den Pelz, ohne sich von seiner gewählten Redeweise beeindrucken zu lassen. „Soviel den Behörden bekannt ist, sind Sie mehr oder weniger illegal über die grüne Grenze eingereist. Wir haben sogar von KGB was läuten hören! Nebenbei besitzt die alte Dame außer der weitervermieteten Eigentumswohnung und dem Häuschen hier im Landschaftsschutzgebiet, also einer außergewöhnlichen Wohnlage, auch ein ansehnliches Sparguthaben! Damit nicht genug, mutmaßen wir, daß Sie auf dem Weg über Ihre jetzige Frau das Vertrauen Rotkäppchens

erschleichen wollen, um es sozusagen im trauten Familienverbund straflos sittlich zumindest nötigen zu können!"

„Was muß ich da hören!" entrüstete sich Oma. „Da tun Sie meinem Gatten bitter unrecht! Wir führen ein spätes, aber erfülltes Ehe- und Sexualleben! Nehmen Sie das zur Kenntnis!" Und sie rückte die rotblonde Perücke zurecht und zupfte, ihre neuen Zähne zeigend, an ihren etwas zu kurzen pinkroten Bermudas.

„Nun ja", entgegnete der eine Kriminologe, „die Aussteigervarianten lassen jede Menge Interpretationen zu. Von biodynamisch-kriminellen Aktivitäten bis zum Resozialisierungs-Syndrom, das kriminaltherapeutisch angegangen werden muß. Besonders

Rückfallgefährdeten gegenüber!"

„Sie reden da ein Kauderwelsch zusammen!" krächzte die Großmutter verblüfft: „Mein Mann war noch nie im Knast! Er entstammt im Gegenteil einem alten, aus Polen oder Rußland eingewanderten Geschlecht –!"

Die Kriminologen kicherten.

„Herzlich wenig wissen Sie von Ihrem Mann! Er hatte ursprünglich vor, Rotkäppchens Mutter für einen Callgirl-Ring weichzumachen!"

„Nun", ließ sich Omi herab. „Wir sind alle keine Unschuldslämmer. Das weiß ich vom Fernsehen. Aber neulich war ich bei meiner Haustherapeutin. Die wollte mir doch weismachen, daß ich Herrn Wolf nur geheiratet hätte,

um mein Vorleben zu neutralisieren. Das war mir entschieden zu weit hergeholt. Ich habe das Honorar nicht bezahlt!"

„Gespeichert", grinste der eine Besucher, „ist bei uns über Sie so allerlei! Vom verbotenen Schnapsbrennen aus Obst und Beeren bis hin zu Wilddieberei und Zigarettenschmuggel von Böhmen her. Aber nun konkret: Was wissen Sie über die zweihundertzehn Mercedes-LKWs, die Ihr Gatte nach Andorra verschoben hat?" Da gab Omi dem Wolf einen Wink, und der fraß die lästigen Besucher auf. Danach lebten beide glücklich und zufrieden bis an ihr Ende, wo sie der Förster nebeneinander, schon kalt und steif, im Bett fand.

Das Fenster in den Hof

Eigentlich stellte das Zimmer für den Sohn Marius eine wahre Gruft dar. Schmal und lang, mit Bett, Schreibtisch, Schrank und einem Hifi-Turm, der manchmal dröhnte. Das war seine Welt. Zu alledem handelte es sich um ein Nordzimmer, das weder Sonne noch Mond kannte, denn eine alte Ulme ließ ihr breites Astwerk fast ans Fenster klopfen – bis auf eine breitere Lücke, durch die man einen Blick aufs gegenüberliegende Haus und ein gewisses Fenster werfen konnte. An diesem Gebäude selbst gab's nichts Außergewöhnliches zu beobachten. Der Putz bröckelte leise, so wie bei vielen Fronten, die in Höfe mündeten. Da sah man nicht so genau hin.

Eine traurige Welt? – An der Mutter nagte das schlechte Gewissen, aber sie trug eigentlich nicht so große Schuld an dem Zustand. Als gutmütiger Bruder, der er war, hatte er dem Schwesterlein Ulla das sonnige Vorderzimmer neben dem allgemeinen Wohnraum überlassen. So einer war er, der Marius. Immer Kavalier. Manchmal freilich stand er an einem offenen Fenster nach vorn hinaus und ließ sich die Sonne aufs Gesicht scheinen und genoß das helle, freundliche Tageslicht, und die Mama spürte, wie gut es ihm tat.

Dann wieder hockte der Marius den halben Tag in seinem Studio, büffelte, hatte die Kopfhörer auf oder las oder tat beides zu gleicher Zeit.

Zu bestimmten Zeiten schaltete er sämtliche Elektronik und andere Geräuschquellen ab, schlich zum Fenster und spähte durch die Lücke, die die breiten Äste der alten Ulme bildeten. Bleich vor Erwartung harrte er da aus.

„Eine frohe Botschaft haben wir für dich!" sagte die Mama eines Morgens beim Frühstück. „Ulla heiratet nächsten Monat, dann kriegst du das sonnige Vorderzimmer, und

mir fällt ein Stein vom Herzen! Freust du dich?"

Marius hielt die Tasse in halber Höhe.

„Wie? Das Vorderzimmer?"

„Na ja! Den ganzen Tag Sonne. Endlich! Armer Junge. Hast mir ehrlich leid getan da hinten!"

„Dann kann ich ja nicht mehr –" fuhr der Marius fort, hustete und verstummte.

„Was nicht?"

„Ach, ich wollte – eigentlich – eigentlich gefällt es mir jetzt ganz gut da hinten. Wunderbar ruhig, kein Krach von der Straße her. Und im Sommer ist das Vorderzimmer echt

Ist doch klar: Zuviel Sonne ist gefährlich, bei dem Ozonloch!

heiß, habe ich herausgefunden! Kriegt man Kopfweh von!"

„Ist das erste, was ich höre!" staunte Mama.

„Also konkret, das mit dem Ozonloch, verstehst du? – Darf man nicht auf die leichte Schulter nehmen! Is ja direkt Gift für die Augen, das grelle Licht!"

Mama schüttelte den Kopf und musterte den Sohn. Hatte der nicht mehr alle beisammen oder wie war das zu verstehen?

Marius nippte vom Kaffee und fuhr fort:

„Ich habe mich da hinten eingewöhnt! Also, ich bleib' dort! Die alte Ulme rauscht so schön, wenn der Wind weht, die Vögel, also die Vögel, wie die jetzt im Frühling singen!" Marius setzte eine derart verzückte Miene auf, als hörte

Ein Blick durch das Fenster in ein fremdes Zimmer und das Schicksal nimmt seinen sonderbaren Lauf.

er mindestens sieben Nachtigallen auf einmal schluchzen.

Er erhob sich, sagte „Tschüs!" und entfernte sich.

Am Nachmittag kam er wieder heim, begrüßte die Mama flüchtig, sah auf die Uhr und eilte in sein dämmeriges, schmales, todtrauriges Zimmer.

Aber es war gar nicht so, wie es den Anschein erweckte. Draußen sang tatsächlich ein Vogel, ein Pirol, auf einem Ast, und auf der gegenüberliegenden Hausfront lag die

Sonne. Ihm genau gegenüber öffnete sich in diesem Moment ein großes Fenster und da, da stand sie wieder im Licht, die Frau, nein das Mädchen, eine zauberhafte Erscheinung, die dunklen Haare so abgeschnitten, daß sie gerade noch die Ohren bedeckten, im schwarzen Trainingsanzug, der ihre tollen Formen unterstrich, mit dem lilienweißen Gesicht, in dem die Augen wie schwarze Monde ruhten. Den Hintergrund bildete eine Sprossenwand für allerlei Übungen, und kaum waren fünf Minuten verstrichen, sah sich das zauberhafteste Wesen dieser Erde von kleinen Mädchen in lustigen Ballett- oder Trainingsanzügen, ähnlich dem ihren, umringt. Sie klatschte in die Hände, und los ging das Programm, in das sich Klaviergeklimper mischte. Und immer sie, die Venus in Schwarz im Fensterviereck, die weißen Arme nach oben, nach den Seiten, die Hände wie weiße Tauben schwingend, spreizend, flatternd, die herrlichen Beine und Schenkel in graziösen Stellungen und Positionen. Ihre helle Stimme rief und lockte die winzigen Elevinnen, gab Anweisungen, und die kleine Gesellschaft hüpfte und stieg und drehte und sprang ganz, wie sie anordnete und vorexerzierte, ein Schwan, eine tanzende Göttin!

Marius stand und starrte, die ganze Übungsstunde lang. Er selber konnte von der Göttin nicht eingesehen werden. Die alte Ulme beschattete ihn, ohne ihm den Blick zu verwehren.

Einen Strauß roter Rosen für die Angebetete – von einem unbekannten Verehrer.

Nach Beendigung der Darbietung setzte er sich an den Schreibtisch und verfaßte ein langes Gedicht auf den Tanz im allgemeinen und im besonderen auf die Angebetete und alles, was überhaupt damit in Zusammenhang gebracht werden konnte.

Wie im Traum verging Marius die Zeit. Er wurde zum Dichter und verschrieb einen Haufen gutes Papier, statt es ökonomischerweise mit sachbezogenen Notizen fürs Studium zu füllen. Einmal kaufte er, wenn auch preiswert zur Rosenzeit, einen großen Strauß Gloria Dei und ließ denselben „von einem unbekannten Verehrer" per Fleurop bei ihr abliefern. Am Abend wurde er blaß vor Freude, als er durchs offene Fenster sein duftendes Präsent in einer schönen Vase im Studio stehen sah.

Die Lage drängte nach Klärung! Etwas mußte passieren! Er mußte den ersten Schritt zu einer persönlichen Begegnung tun. Aber wie? Er zermarterte sein Hirn. Wenn er sich als Tanzschüler bei ihr anmeldete? Das wäre ein Schritt in die richtige Richtung, fand er. Er gratulierte sich zu dem vortrefflichen Einfall und probierte vor dem Spiegel etwas aus, was als tänzerische Aktivität gewertet werden konnte, hob die Arme, hechtete vor, verhielt, zog ein Bein wie ein Storch hinauf und

81

strahlte verklärt die Wand an.

In diesem Moment trat nach kurzem Anklopfen die Mama ein. Verblüfft blieb sie am Fleck stehen.

Marius fielen die Arme schlapp herunter; er stellte das zweite Bein wieder auf den Boden und machte ein mißmutiges Gesicht.

„Wa – was war denn das?" stammelte die Mama.

„Siehst du doch!" knurrte der Sohn. „Lockerungsübungen! Muß sein bei Leuten mit überwiegend sitzender Tätigkeit!"

Na klar: Der „sterbende Schwan" als Lockerungsübung bei überwiegend sitzender Tätigkeit!

„Ach so!" atmete die Mama auf. „Na ja! Freilich!" Und sie stellte einen Teller mit Obst neben einem angefangenen Poem an die Göttin von vis-á-vis hin, unter dem die Seminararbeit ruhte, die eigentlich morgen fertig sein sollte.

Nur ein klitzekleines Seitenblickchen tat die Spenderin des notwendigen Vitamin-Zubrotes auf das Papier und erhaschte dabei Sprachphantasien wie „Schwarzer Schwan in der Nacht meines Wahnsinns!" Da bekam sie einen gehörigen Schrekken. War der Marius noch bei Trost? Hatte das traurige Zimmer schon auf seine Psyche abgefärbt? Da mußte man ja was dagegen tun! Leicht verstört kehrte sie in die Küche zurück und nahm sich vor,

82

die Tochter Ulla zu bitten, zur Hochzeit so viele Freundinnen einzuladen, wie die Wohnung faßte.

Am nächsten Tag las der Marius im lokalen Teil der Zeitung mehr per Zufall eine kleine redaktionelle Notiz mit dem Titel:

> **Henrietta Gonzales, die hervorragende Tanzpädagogin, wird Sechzig! Unsere herzliche Gratulation!**

Fast zwanzig Zeilen lang wurden die Fähigkeiten und Talente gepriesen und ihr ein langes, weiterhin so schöpferisches und kreatives Dasein von ganzem Herzen gewünscht. „Aha",, ging es dem Leser durch den Sinn, „da gibt's also auch noch so etwas wie eine Großmama im Hause der Göttin! Komisch, daß ich die noch nie gesehen habe! Wird auf irgendeinem Kanapee am Strickstrumpf nadeln!"

Am nächsten Tag schon gab sich Marius einen Ruck und suchte im Telefonbuch nach der Nummer des Tanzstudios, wählte sie und brachte mit etwas rauher Kehle den Wunsch nach ein wenig tänzerischer Gymnastik – vorerst mal – an. Weil er so nahe wohne, und weil er viel am Schreibtisch hockte, und überhaupt! Man könnte nicht wissen, für was es gut sei. Oder vielmehr, es könnte ja nur gut für ihn sein. Nicht wahr?

„Freilich!" flötete die Göttin zurück und nannte auch gleich die allgemeinen Geschäfts- und Teilnahmebedingungen und wollte auch wissen, ob er Einzelstunden oder in der Gruppe tätig sein wollte, und vergaß auch nicht, die Preise zu nennen.

„Einzelstunden!" fiel der Marius schnell ein und schreckte nicht vor der Summe, die hierfür bezahlt werden mußte, zurück. Die Mama würde es schon richten!

In Wirklichkeit, fand Marius, als er wieder auflegte, sie zumindest von der Stimme her noch viel faszinierender, als er vermutet hatte. Das Mädchenhafte, das er auszumachen geglaubt hatte, wurde voll ersetzt, wenn nicht übertroffen, von einer fast beängstigenden weiblichen Ausstrahlung in Färbung und Betonung der Wörter, die Kopf und Kragen kosten konnte, wenn man nicht auf der Hut war.

Aber Marius wollte es schon darauf ankommen lassen. Er hatte keine Angst vor den Abgründen der Lust und Leidenschaft, in die er stürzte! Er schlief fast die ganze Nacht nicht.

Ein schreckliches Ereignis nach einer schlaflosen Nacht voller Träume.

Am nächsten Tag brach ein schreckliches Ereignis über ihn herein. Wie jeden Tag stand er so gegen achtzehn Uhr am Fenster in Erwartung der tanzpädagogischen Aktivitäten. Da trat sie mit ihrem schwebenden Gang in sein Blickfeld, klatschte in die Hände, hob die schönen, weißen, schlanken Arme. Da näherte sich aus dem

Hintergrund des Zimmers jemand. Die Göttin ließ die Arme sinken, und schon tauchte ein junger Mann im Lässig-Look auf. Innig lächelnd. Marius hielt den Atem an. Der junge Kerl, nicht älter als er selber, ging auf sie zu, herzte und küßte sie auf die Wangen, rechts, links, zuletzt auf den roten Mund.

Marius sank in einen Stuhl. Eine Welt ging in Scherben. Der schwarze Schwan zerfetzte mit seinem scharfen Schnabel die schönen Nachtschleier, den silbernen Sternenstaub.

Unfaßbar: Ein junger Mann küßt sie auf Wangen und Mund – und eine Welt geht in Scherben.

Als er wieder aufstand, war der Mensch verschwunden. Die Göttin hatte Position eins angenommen. Eine winzige Partnerin übte den Pas de deux, ein Klavier klimperte lustig im Hintergrund.

Die Mama bat zum Abendbrot. Die Schwester saß schon da.

„Enorm, diese Henrietta Gonzales!" plapperte sie. „Wußte bis gestern nicht, daß sie ihr Studio ganz in unserer Nähe hat. Auf der Bühne steht sie ja nicht mehr. Wär' auch zuviel von einer sechzigjährigen Oma verlangt. Obwohl sie noch ganz passabel ausschaut. Von einer gewissen Entfernung her jedenfalls. Gestern war sogar ihr Enkel aus den USA da, um ihr zu gratulieren!"

„Du meinst die Groß-mutter der Familie!" wis-perte Marius mit ersterben-der Stimme. Er wurde erschreckend bleich. Aber er wollte jetzt alles ganz genau wissen. Alles mußte auf den Punkt gebracht werden!

Wie traurig: Alles Schöne ist vergänglich.

Er stürmte aus dem Haus, flitzte um die Ecke und klingelte an der Tür Henrietta Gonzales'. Es schnarrte, er nahm die Treppe und stand seiner Göttin gegenüber. Die Sonne schien durchs Fen-ster auf sie, und ein Traum ging zu Ende, und ein jun-ger Mann wurde traurig über der Vergänglichkeit alles Schönen.

Aber es handelte sich bei Henrietta Gonzales um einen sehr zarten, unauf-fälligen, melancholischen Welkvorgang, wie bei einer Rose, die auch während des Verblühens noch atemberaubende Phasen durchläuft. Herz-beklemmendere als die einer in vollem Duft stehenden. Aber traurig waren der Vorgang und das nahende Ende trotz-dem, wie das Entschwin-den einer Fata Morgana am Horizont, wenn auch Henrietta für einen Sech-zigjährigen, also einen Herrn in den besten Jah-ren, noch durchaus die große Liebe sein konnte.

Der Marius fing die Tanzstunden bei ihr an, denn von seinem schön-sten Traum nimmt der Mensch nur widerwillig Abschied. Am liebsten nur stückchenweise. Einmal ging die Tür auf, eine unscheinbare, blasse Person von etwa vierzig Jahren wurde sichtbar.

„Soll Jo Kaffee bringen, Mama?" fragte sie.

„Ja, gerne!" nickte Henrietta.

Nach etwa fünf Minuten ging wieder die Tür auf, und ein anderes weibliches Wesen schwebte herein, zwei Tassen Kaffee auf einem Tablett balancierend. Eine für Henrietta, eine für Marius.

„Meine Enkelin Jo!" eröffnete sie dem Tanzschüler Marius. Vor dieser Jo, einem achtzehnjährigen Wunder, verstummte er. Im übrigen sah sie ihrer Großmutter so ähnlich, daß es fast schon ans Lächerliche grenzte.

„Sie haben Sie sicher auch schon von drüben aus

Die strahlende Enkelin vertreibt alle trüben Gedanken.

dem Fenster gesehen!"

„N-ein, ich wüßte n-icht! Ich habe nur – Sie – pardon, gesehen!" – Oder, grübelte Marius, hatte es sich doch um die Enkelin gehandelt? Er kannte sich nicht mehr aus. Die goldige Achtzehnjährige lachte ihn an, schlug einen Purzelbaum, machte einen Spagat, stellte sich auf die Fußspitze, drehte sich ein paarmal um sich selber und ging wieder. Alles ganz normal für eine achtzehnjährige Tanzelevin.

„Könn – könnte ich sie mal als Partnerin kriegen?" wagte Marius zu fragen.

„Aber ja!" nickte die Großmutter. „Warum nicht?"

87

Ball der einsamen Herzen

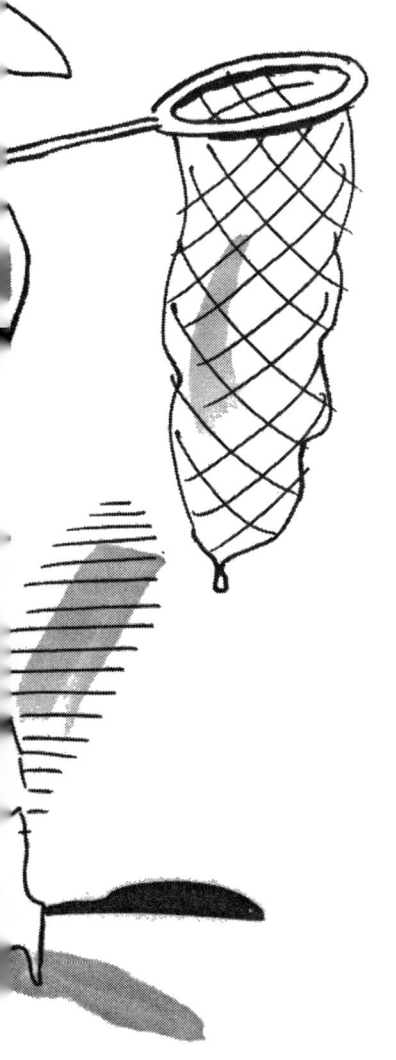

In großen Städten gibt's nicht nur Rockschuppen, Disco-Dröhnhöhlen, Bars und Beisls, Biergärten und Brotzeitstuben, sondern auch die Räumlichkeiten, in denen der „Ball der einsamen Herzen" über die Bühne geht für Herrschaften jenseits der Sturm- und Drangzeit. Man könnte sie gepflegte Stätten für Herren und Damen in den besten Jahren nennen, deren Radius bekanntlich unheimlich weit gesteckt ist. Vorsehen muß man sich dort unter anderem vor geschmeidigen und redegewandten, oft unscheinbaren, oft auch attraktiven Männern, die nichts Gutes im Schilde führen, denn der Schmuck, den die Damen tragen, ist fast so solide wie ihre Ansichten über Ehe und Familie, Recht und Ordnung, Zucht und Sitte. Als junge Gänschen haben sie von der Mutter gehört, daß es fast nur böse Männer gebe. Falls man arm und jung war, gingen diese auf die Unschuld los, falls man in die Jahre der aufgebesserten Besitzverhältnisse kam, auf die Sparkassenbücher und Scheckhefte. Deshalb hüteten die erschienenen Damen dieses Geheimnis mehr als die Jahre, die sie zählen mochten. Andererseits durfte man ein Brillantenarmbändchen oder ein Perlenkollier schon herzeigen. Das gehörte zur festlichen Ausstrahlung und Identi-

tät, auch wenn begehrliche Blicke der oben genannten Männer darauf ruhten und kriminelle Energien weckten.

Der Ball der einsamen Herzen macht's möglich, das Herz zu finden, das man ersehnt.

Der Witwer Alfons Rebmaus wollte der Einsamkeit seiner vier Wände entfliehen, die ihn mit guten und auch ein paar weniger guten Erinnerungen schier erdrückten, und er sah sich innerhalb der eingangs erwähnten Veranstaltung unversehens im Kreis von weiblichen Wesen in eben den berühmten besten Jahren, in denen noch alles möglich war: Liebe und Verliebtheit, Treu und Glauben, Freud und Leid, Willkommensglück und Abschiedsschmerz.

Was der Witwer Rebmaus schließlich im Arm hielt, war gar nicht so antik, wie er meinte. Er spürte auch nicht viel von Fettpölsterchen an Schultern und Armen, und das Lächeln, mit dem das Wesen sich zu ihm hinaufwandte, war irgendwie lieb, mit einem Hauch von Melancholie. Er hätte es nicht so genau definieren können. Das Kleid, das die Unbekannte anhatte, strahlte eindeutig blausilbern wie Mondenschein vor seinen Blicken.

„Sind Sie gern hier?" fragte er vorsichtig.

„Ja!" kam die Antwort schlicht und direkt.

„Und weshalb?"

„Tanzen ist wie lachen und leben! Wenn ich tanze, glaube ich, das Leben ist irgendwie gut und in Ordnung!"

Die Tanzpartnerin, die wie etwas über vierzig ausschaute, erwiderte ohne Umschweife:

„Weil ich gern tanze! Und da man bekanntlich bei dieser Tätigkeit auf andere angewiesen ist, muß ich unter die Leute! Tanzen macht mich froh, muß ich gestehen! Tanzen ist wie lachen und leben. Wenn ich tanze, glaube ich, das Leben ist irgendwie gut und in Ordnung. Manchmal richte ich bei mir zu Hause eine kleine Fete aus. Aber wenn man in Schwung kommt oder bestimmte Figuren aufs Parkett setzen mag, ist es hier besser!"

„Da haben Sie recht!" nickte der Witwer Rebmaus und bemühte sich, der Dame, die er im Arm hielt, mindestens tanzmäßig zu gefallen. Sie lachte ihn so locker an wie ein junges Ding. Übrigens tanzte sie vorzüglich und korrigierte ihn unmerklich, wenn er einen Schritt daneben setzte oder aus dem Tempo kam.

„Ich hab' Sie hier noch nie gesehen!" wandte sie sich fragend an ihn, als die Musik eine Pause einlegte.

„Was mich anbelangt", erklärte Herr Rebmaus, „lebte ich mit meiner Frau gut zusammen, bis die Krankheit allem ein Ende setzte. – Oder vielmehr der Tod!" Den letzten Satz

fügte er leise und mit gedämpfter Stimme hinzu, als sei er hier auf dem Parkett inmitten aufgekratzter Endvierziger bis Endsechziger nicht angebracht.

„Und jetzt –" fuhr er zögernd fort, „jetzt fällt mir manchmal die Decke auf den Kopf, und ich muß raus!" Und da heute kein Wetter zum Spazierengehen war, habe ich mich entschlossen, mal das Tanzbein zu schwingen. Sie haben recht, Tanzen ist mehr als Zeitvertreib oder die Gelegenheit, Bekanntschaften zu knüpfen. Sonst wäre es nicht von Anfang der Menschheit an der Brauch!"

Kein Zweifel: Tanzen ist mehr als bloßer Zeitvertreib.

Die Zuhörerin nickte. Sie war derselben Meinung und sah auch den Witwer aufmerksamer an. An den Tisch zurückgekehrt beäugelte hinwiederum Herr Rebmaus die Dame genauer und überlegte, wie man eine Einladung ins Kino oder Gebirge oder an einen See zum nächsten Wochenende vorbringen könnte. Denn das Gesicht zog ihn an, er wußte nicht, weshalb. Was steckte dahinter? Eine unglückliche Liebe, eine verpfuschte Ehe, Tod, Scheidung?

Etwas unsicher brachte er den Vorschlag über die Lippen.

„Sagen wir lieber, nächste Woche um dieselbe Zeit hier!" entgegnete die nette Unbekannte und machte wieder das Gesicht von vorhin – ein bisserl melancholisch, ein bisserl skeptisch. Herr Rebmaus hatte den Eindruck, daß Bitten oder Zureden oder Bedrängen keinen Sinn ergäben und beschied sich. Außerdem gehörte er nicht zu den sogenannten Draufgängern, obgleich, so hatte er vernommen, die Frauen das wollten.

Es folgten noch ein paar Tänze nach, bei denen er einiges an Technik dazulernte, dann sah die Fremde auf die Uhr und bedeutete dem neuen Bekannten, daß es Zeit zum Gehen wäre.

Daraufhin zahlte jeder seine Zeche, und an der Garderobe half Herr Rebmaus seiner Tänzerin in den Mantel und geleitete sie hinaus. Ein feuchter Wind schlug ihnen entgegen, die Straße spiegelte noch von Regen.

„Ihren Namen hätte ich schon gern gewußt!" bemerkte Herr Rebmaus vor dem breiten Portal des Hotels, in dem das Ereignis stattgefunden hatte.

„Laura!" gab sie nach einigem Zögern preis. Sie kletterte in den Bus, der gerade ankam und mit ihr davonrauschte. Beim Heimgehen dachte der Mann an sie, beim Zubettgehen, beim Aufstehen am anderen Morgen, und er sagte einige Male den Namen Laura vor sich hin. Er gefiel ihm. Zugleich hatte er das blaue Flimmern ihres Kleides wie Mondschein vor sich und

Ein dicker Brief kündet von einer Erbschaft und verändert das Leben.

den Blick ihrer schönen, klaren, von dunkelblonden echten Brauen überschatteten Augen ebenfalls.

Am übernächsten Tag, einem ganz gewöhnlichen Mittwoch, fiel ein dicker Brief in den Kasten, der notarielle Papiere und Dokumente enthielt und ihm verkündete, daß er das Erbe eines entfernteren Verwandten antreten dürfe und so rasch wie möglich in eine ziemlich weitab liegende Stadt zu reisen hätte. Tja, da war das Wiedersehen mit der Dame Laura auf einen weniger hohen Stellenwert gerutscht, denn das Erbe bestand aus Immobilien, die auch eine Firma beinhalteten, was seine Anwesenheit unumgänglich machte. Er packte seinen Koffer und reiste ab. Flüchtig flimmerte es während der

Fahrt und auch in der fremden Stadt blausilbern vom Lurexkleid der Tänzerin durch sein Hirn, mal tagsüber, mal mitten in der Nacht, bis er sie schließlich vergaß, denn die neue Situation in der ziemlich fernen Stadt erforderte seine ganze Konzentration. Er dachte dabei weniger an sich als an seinen Sohn, der im noch nicht abgeschlossenen Studium durch nichts behindert werden sollte, wenn er auch mal alles von ihm, dem Vater, erben würde.

Ehe dieser es sich versah, waren einige Jahre um. Der Sohn konnte als ganz normaler Sprößling gelten, fast als zu bieder, wie Herr Rebmaus mit leisem Bedauern bei sich meinte, denn er selber hatte sich als junger Spund schon manchen Unsinn ge-

Welch herrliche Erinnerung an die Zeit im afrikanischen Busch!

leistet, angefangen von einer Safari in den afrikanischen Busch, wo er bei einem anerkannten Trommelmeister gelernt hatte, das große Tamtam richtig zu schlagen, so daß er jahrelang in einer Band seiner Stadt als der Big-Boß galt, bis er dann geheiratet und ihn seine Frau sanft, aber unaufhaltsam, auf den Pfad der Bürgerlichkeit geleitet hatte.

Der Sohn richtete sich in der Firma seinen eigenen Platz mit einem alten, wenn auch teuren Schreibtisch her, und Herr Rebmaus gewann seine Handlungsfreiheit zurück, inzwischen fünfundsechzig geworden,

95

was ihn aber nicht daran hinderte, an einem Frühlingstag im Garten, den er mitsamt einem stattlichen Haus sein eigen nennen durfte, in den blauen Himmel über sich zu schauen. Die Schwalben schossen dahin, ein Maikäfer kam wie ein winziger Hubschrauber angesurrt, frisch gemähtes Gras roch, und ein Hauch von Südwind streifte ihn.

Wehte da nicht auch irgendwas Blausilbernes im Raum zwischen Himmel und Erde? Plötzlich merkte er, daß er, trotzdem sein Sohn und dessen junge Frau im selben Haus eine schöne große Wohnung innehatten, einsam geworden war. Noch einsamer als nach dem Tod seiner Frau. Der Besitz hatte ihn seltsamerweise nicht glücklicher gemacht.

Warum nicht wieder der Stadt einen Besuch abstatten, in der er Freud' und Leid erfahren hatte?

Zum Blausilberschein kam ein blonder – oder blondierter, wer mochte so pingelig sein – Kopf mit ein bisserl melancholischen Augen, die die seinen vor langer Zeit gefragt hatten: „Was bist du für einer? Was hast du im Sinn? Wie meinst du es mit mir?

In der darauffolgenden Nacht schien der blausilberne Mond durch einen Gardinenritz ins Schlafzimmer. Warum sollte er nicht wieder der Stadt einen Besuch abstatten, in der er Freud' und Leid erfahren hatte?

Schon am übernächsten Tag stand er dort am Bahnhof und ließ sich in ein Hotel fahren.

„Da gab's vor Jahren in einem Hotel den „Ball der einsamen Herzen!'" wandte er sich an den Pförtner. „Wissen Sie darüber Bescheid?"

Selbstredend wußte der Befragte in der Loge bestens Bescheid. Er hätte Herrn Rebmaus auf Wunsch noch mehr verraten an Gelegenheiten für ältere Herren, sich zu verlustieren, aber der war ein Zeitgenosse, den seine Mutter einige Grundregeln des guten Benimms gelehrt hatte, die ihm bis dato viel bedeuteten. So erfuhr er, daß dieses Ereignis an einem der kommenden Abende nicht weit von seinem eigenen Hotel entfernt stattfinden würde.

Als das Wiegen und Walzen schon losgegangen war, stand Herr Rebmaus wie schon einmal in der Tür. Der Ober geleitete ihn – war's nicht derselbe? – zu einem Platz, an dem schon zwei Damen saßen. Sie gefielen ihm nicht sehr. An denen, konstatierte er mit flüchtigem, diskretem Seitenblick, war alles falsch. Vom Lächeln angefangen bis zu den Zähnen. Er bestellte sich Kaffee und Kuchen und guckte sich im Saal um. Da lag mancher Talmiglanz über Kunst- und echter Seide, und manch gieriger Blick ruhte auf Perlenkolliers und dicken Armbändern, und manches allzu dicke Make up kaschierte Faltiges und Welkes wie damals.

Zusehends trübte sich Herrn Rebmaus' Blick ein.

Alles auf Erden blühte auf und mußte vergehen. Würdig oder unwürdig. Mit Grazie oder Grausen, mit einem Hauch von Ästhetik oder ordinär. Aber da, was flimmerte denn da vom linken Nebentisch herüber? Herr Rebmaus sah genauer hin. Das blausilberne Lurexgewand von damals warf seinen Mondenglanz bis zu ihm her. Einige Zeit lang war der Glitzerstoff aus der Mode gekommen, hatte er mitgekriegt, und vielleicht diese Spanne Zeit über im Schrank gehangen. Und über einem nicht zu tiefen, netten Ausschnitt leuchtete das blonde Gesicht von damals. Oder war sie es nicht, die Dame Laura?

Herr Rebmaus erhob sich wie unter einem Zwang, trat an den fremden Tisch heran, von den Blicken der beiden Damen, die er im Stich gelassen, entrüstet verfolgt, und beugte sich vor.

„Laura?" fragte er.

„Sie haben mich lange warten lassen!" flüsterte Laura zurück.

„Ich werde Ihnen beim nächsten Tanz alles erklären!"

Laura ließ sich lächelnd in den Arm nehmen.

Was waren schon ein paar Jahre im Leben einer Frau! Vor zwei Wochen war sie erst sechzig geworden! Diesmal beglich Herr Rebmaus, ohne zu zaudern, die Zeche für sie beide. Dann traten sie vor den Eingang. Frühling lag in der Luft.

Als Kriemhild auf den Putz haute

Auch eine Kriemhild wurde sechzig, wenn man ihr die Jahre freilich nicht ansah. Die flotten Zeiten mit dem Macho Siegfried waren lang vorbei. Sein Bild mit dem deutschen Langschwert stand jedoch immer noch auf ihrem Nachtkastl, obwohl ihr zweiter Mann Etzel das nicht so gern sah. Der hatte die neuen Verhältnisse in Budapest mit der freien Marktwirtschaft ganz schnell begriffen und war daran gegangen, sich ein sattes Imperium auf Import-Export-Basis aufzubauen. Innerhalb von zwei Jahren eröffnete er sieben Konten. Drei allein in Zürich bei der Schweizerischen Nationalbank AG. Also, Kriemhild, wach wie sie schon immer war, konnte sich alles leisten, wonach es sie gelüstete. Trotzdem vergaß sie nicht ihre alte Wut auf die Sippe am Rhein! Gleich nachdem sie erfahren hatte, daß Onkel Hagen in den Aufsichtsrat des Platten-Multis Rhinegold Polyphon gewählt worden war, lud sie den ganzen Clan scheinheilig zum großen, von ihr gesponserten Hard-Rock-Festival nach Budapest. Ahnungslos tappten die in die Falle.

Jetzt wissen wir es genau: Kriemhild hat nach dem Tod ihres Macho Siegfried durch Hagen und die ganze Nibelungensippe lange auf ihre Stunde gewartet – Rache ist süß!

Hagen schnappte sich die Panic-Band mit ihrem Boß Volker Alzey von Audi-Max und baute ihn noch rasch zu einem neuen, hochkarätigen Brutal-Sounder auf, weg vom altbackenen Klampfenbruder-Image. Seine musiktheatralischen Macken konnte er in seiner Wohnküche weiter verwirklichen.

So rauschten sie ab, im Gepäck die Leuchtgitarrenverstärker, Baß-Booster, Super-Woofer-Boxen, Electronics jede Menge und nur vom Feinsten. Nichts fehlte! Auch nicht das Schlagzeug aus Häckselmaschine und Trockenhaube mit irrem Design und hyper-multifunktionaler Ausstattung! Die Schweizer Gruppe mit dem Bandleader Dieterli züe Bern, einem Vertreter des Blue-Rock-Revivals, stieg wie sie im Hilton Budapest ab, wo schon die dänische Heulergruppe probeweise die Bongos rührte. Worauf Volker diesen müden Wikingern ins Gesicht hinein bedeutete, daß sie, dem Gehörten nach zu urteilen, ihr Fahrgeld nicht wert seien. Den ausbrechenden Zoff spielten zunächst die „Goldpepperl von Grinzing" unter den Tisch, die einen Softie auf Nostalgiegleis versprachen. Als sie freilich auf der Elektro-Zither den verjazzten Titel aus dem „Dritten Mann" zum besten gaben, waren sie schon unten durch. Der hing allen zum Hals raus.

Jede Band scharte ihre Fan-Kader mit Buttons, T-Shirts und Fahnen um sich. Kriemhild rieb sich die ringbeladenen Hände, als sie vernahm, daß ihre Pußta-Hullabalos die Volker-Kids an einer dunklen Straßenecke mit Schlagringen so'n bißchen auf Null gestellt hatten. Manche trieben sogar auf der Donau dem Schwarzen Meer zu. Dieser Hagen sollte seine komplette Pleite haben, damit sie wieder ruhig schlafen konnte!

Unter einem Wahnsinnskrach zogen die einzelnen Bands in die Riesenhalle ein. Alles stopfte kompakt-vorgefertigte Fisch-Mäcs und Batteriehühner in sich hinein, zuzelte an Pepsis und qualmte selbstgedrehte Schlankmacher, dabei nur so aus dem Power-Feeling heraus mit leeren Dosen um sich feuernd. Und schon ging's hoch bis auf siebenundneunzig Dezibel, daß dem Drummer der Pußta-Boys bei diesem „King-Etzel-Festival" das Trommelfell platzte. Die rheinische Verwandtschaft haute sich einen devisengünstigen Barack Palinka nach dem anderen hinunter. Gottlob herrschte kein Krawattenzwang. Die „Goldpepperl-Blues" wurden mit ihrem k. u. k-Sound gnadenlos ausgepfiffen. Dafür ratterten die „Big Old-Swing-Feets" in einem grasgrünen Oldie auf die Bühne, was schon mal einen klaren Pluspunkt am Hut bedeutete.

Endlich: Der doofe Hagen mitsamt dem ganzen verdächtigen Clan von Rhein und Ruhe sitzt in der Falle! Alle Sechzigerinnen dürfen sich mit Kriemhild freuen!

Dann folgten die „Old Socks" mit Rock-Improvisationen, die in keine Schublade mehr paßten, und danach kam eine Show-Business-Nudel namens Minna Kragen. Als sie den Rock hochschmiß, sahen sämtliche Hunnen, daß sie von Unterwäsche nicht viel hielt.

Kriemhild erbleichte vor Ärger, rauschte zu den Garderoben und versprach den Electric-Sound-Jungens, die sie ebenfalls managte, zusätzlich je einen CD-Player aus Gold, wenn sie die blöden Old-Socks samt ihrer Minna niedermachten. Trotz allem rissen sie niemanden vom Schlitten, und Kriemhild mußte sofort ihre Kreislauftropfen nehmen.

Da holte Hagen zum einmaligen Rundumschlag aus mit seinem absoluten Super-Hit „Gruß aus Solingen". In riesigen Lettern erschien das Logo auf der Digitalanzeige. Also das war der ganz optimale Biß! Volker warf noch rasch eine Tüte LSD ein und ließ die Horror-Show abfahren. Seine Roadcrew zischte mit Flammenwerfern um sich und schleuderte blutige Beafsteaks ins Publikum.

Die Fans tobten und schlugen in ihrer Highneß die Einrichtung zu Klump und Brei. Zum Schluß krachte auch noch die Tribüne mit der ganzen Prominenz auf die kreischenden Massen runter. Rotes Kreuz und Feuerwehr brausten mit Blaulicht heran. Die Polizei nahm zahlreiche Verhaftungen vor, und ein zwölfköpfiges Team der Gebäudereinigung werkte eine Woche lang in dem Verhau, ehe es auf Grund stieß. Aber Kriemhilds Rache konnte als satter Erfolg abgehakt werden. Man soll halt eine gut erhaltene Sechzigerin nie auf die leichte Schulter nehmen!

Ab heute –
jeden Tag ein paar
Wunder

Frau Moorweis, deutlich über fünfzig, sogar flott auf die Sechzig zusteuernd, hat die schwere Krankheit überwunden. Drei sehr schwere, genau genommen.

Fürs erste wurden ihr vom Herrn Doktor strenge Auflagen gemacht. Jeden Tag an die frische Luft, aber kein Streß, kein Ärger, keine schweren Sachen heben, kein Kaffee mehr, keine Schweinshaxen, keine Torten, höchstens ein bis zwei Stück einfachen Kuchen, wenig Zucker, wenig Salz.

Frau Moorweis schaut ein wenig sauer in diese Zukunft ohne Zucker. Was blieben einem da für Freuden, wenn man sich das Leben nicht mehr mit Zucker versüßen und mit Salz würzen konnte!

Vorm Spiegel und auf der Waage freilich muß sie sich eingestehen, daß ihr der verminderte Leibesumfang nicht schlecht zu Gesicht steht. Alles ist fast wieder so wie vor zwanzig Jahren, als noch mancher nicht unfreundliche Blick aus Männeraugen sie traf. Auch kann sie die Treppen wieder flott nehmen, und sich selber wieder mühelos die Zehennägel schneiden. Nicht zu unterschätzende Fakten! Dazu kommt, daß sie manches elegante Stück aus dem Kleiderschrank wieder gebrauchen kann!

Sie zieht nach Wochen, die sie zu Hause hat verbringen müssen, die schwere Eingangstür ins Freie auf und blinzelt verwirrt in die Sonne. Daß es so eine schöne, goldene Lichtflut noch für sie gibt! Bedächtig setzt sie einen Fuß vor den anderen. Ihr Blick bleibt an den Rosen am Zaun hängen. Wie ein Wunder! Und sind eine ganz einfache Sorte ohne zungenbrecherischen Züchternamen. Rosa, mit Tauperlen drin! Frau Moorweis guckt in den Kelch hinein und schüttelt den Kopf über der unerwarteten Gnade, dieses Wunders teilhaftig werden zu dürfen.

Sie trippelt über den Fahrweg. Drüben sind

Große Wunder sind rar. Aber die mittleren und kleinen Wunder? – Von denen kann man jeden Tag ein paar erleben!

Bäume, Bänke und ein Sandkasten. Die Sonne fingert durch das Laub. Frau Moorweis verfolgt von ihrem Sitzplatz aus die gelben Kringel, die sich im Spiel von Licht und Schatten, Wind und Stille verändern. Hat sie das je vorher im Leben so in die Seele aufgenommen?

Und dann kommt der kleine, schwarze Hund angesprungen. „Blacky!" lächelt ihm Frau Moorweis zu. Der so angesprochene wedelt, obgleich es nicht sein angestammter Name ist, mild mit dem Schweif. Irgendwas gefällt ihm an der fremden Dame. Er läßt die Zunge heraushängen und lacht mit den Augen, Frau Moorweis die Pfote darreichend, und sie hält das weiche, lebendige Ding freudig in der Rechten.

Als der kleine Schwarze von seinem Herrchen zurückgepfiffen wird, ist schon ein neues Wunder in Sicht. Ein Kerlchen stapft mit Schaufel, Eimer und einem Plüschwesen aus einer fernen Galaxie zum Sandkasten, um daselbst eine emsige Tätigkeit zu entfalten, die zum ersten darin besteht, den Eimer mit der rieselnden grauen Masse zu füllen, um ihn ungesäumt wieder auszuleeren. Sodann beginnt er einen kleinen Schwatz mit dem plüschenen Fabeltier,

das er in den Sand bettet und schön warm bis zur Nase zuschaufelt, ihm empfehlend, nun ein halbes Stündchen zu schlummern. Das Aufwecken geschieht, indem der Knirps das Ding wieder von Sand befreit und es fragt, wie es geruht hätte, und ob es nun etwas Hunger verspüre. In der Annahme, daß Hunger nach dem Schlaf obligatorisch sei, nimmt er eine Schippe voll Sand, um sie dem stummen Kameraden ins offene Mäulchen rinnen zu lassen, nebenher versichernd, daß es Frühstücksschokolade vom Feinsten sei. Sichtlich interessiert wartet der edle Spender auf ein wie auch immer geartetes Zeichen des Dankes.

Als es ausbleibt, verliert er vorübergehend den Spaß an der Sache, entdeckt statt dessen die fremde Tante und marschiert auf sie zu. Vertrauensvoll legt er ihr die Schaufel in den Schoß; offensichtlich soll sie diese als Leihgabe, wenn nicht als Geschenk, betrachten. Frau Moorweis zeigt sich auch entzückt, tief in die blauen, zu ihr aufgeschlagenen Augen schauend.

Das war ganz unzweifelhaft das vierte Wunder dieses einen Morgens!

Damit nicht genug! Das fünfte nähert sich in Gestalt des Herrn Zehnwald, ihr vom Aussehen her nicht unbekannt, wenn er auch seinerseits bisher über sie hinweggeschaut hat, bei ihrer damaligen molligen Optik schwer vorstellbar. Er macht eine flotte Verbeugung und fragt höflich, ob der Platz neben ihr noch frei wäre.

Erst eins, dann zwei, dann drei, dann vier – ein Wunder jagt das andere.

Na klar! Und er läßt sich, eine Zeitung aus der Jackentasche ziehend, auf der Bank nieder. Nach zwei Sätzen über die derzeitige mißliche Lage im Nahen Osten steckt er das Blatt wieder weg und dreht den Kopf zu ihr.

„Ein schöner Tag!" fängt er nicht sehr geistreich an. Aber mein Gott, irgendein Anfang muß sein!

„Ja!" nickt Frau Moorweis freundlich.

„Sind Sie neu ins Viertel gezogen? Ich habe Sie noch nie hier gesehen!"

Frau Moorweis stutzt.

Dann lächelt sie, daß man ihre regelmäßigen, noch intakten Zähne sehen kann und nette Grübchen auf ihren Wangen erscheinen, die Herrn Zehnwald nicht entgehen.

„Ich wohne schon lange da, aber ich habe eine – eine Kur hinter mir. Jetzt ist alles vorbei!"

„Aha!" macht der Herr neben ihr. „Die ist Ihnen aber vorzüglich bekommen, wenn ich das sagen darf!"

Frau Moorweis wird rot wie ein junges Mädchen. Anschließend plaudern sie noch über mindestens siebenundneunzig naheliegende Themen, darunter den letzten politischen Skandal, die neue U-Bahnlinie, das neue Kaufhaus am nahen Platz und ein neues, griechisches Beisl um die Ecke, „in dem man ausgezeichnet essen kann!" verkündet Herr Zehnwald.

„Darf ich Sie für morgen abend dazu einladen?"

Wieder erscheinen die Grübchen auf den Wangen der Angesprochenen.

„Also, ich bin eigentlich keine Spielverderberin."

Man sieht Herrn Zehnwald an, daß er sich freut. Nach einer Viertelstunde schaut er auf die Uhr.

„Schade! Ich muß meinen Termin beim Bader einhalten! Abgemacht, morgen abend in der neuen Taverne! So gegen sieben Uhr!" Sie reichen sich die Hände. Herr Zehnwald behält die ihre eine Sekunde länger als üblich in der seinen! Eine andere Person, eine fröhlich winkende Dame, betritt die Szene, auf Frau Moorweis zusegelnd:

„Ja, wen seh' ich denn da! Ja, das darf doch nicht wahr sein! Stellen Sie sich vor, Frau Dings – Moorweis, am Sonntag sind wir aus Thailand zurück. Nächste Woche geht's nach Badgastein weiter! Gott, was haben wir für Abenteuer erlebt! Mit dem Flug ist es schon angegangen! Und dann in Bangkok erst. Solche Aufregungen! Aber im Hotel – erstklassiger Service! Und das Essen! Original Thaiküche. Und die Sirikit! Und die Elefanten! Und die Rikschas! Und die Seide! Und das billige Gold! Und die Bucht von – wie heißt sie gleich? – na, ist ja egal! Jedenfalls, eine Bucht war's! Und auch den King haben wir gesehen. Wie heißt er denn? Moment! Na, nicht so wichtig! Hauptsache, wir waren da! Ja, und die Tempel dazu! Habe ich das mit der Seide schon –? Billig, sage ich Ihnen!" Und sie tippt auf ihre Bluse in vielen köstlichen Farbschattierungen, und auch auf ein dickes Armband mit etlichen funkelnden Steinen darauf.

„Was haben Sie denn in der Zeit erlebt?" will sie wissen. „Irgendwie tun Sie mir leid, Sie Arme!"

„Ich habe –", erwidert Frau Moorweis nach einer Minute der Besinnung, „ich habe keine Abenteuer erlebt, sondern – ja was gleich – ja, Wunder! Heute vormittag zum Beispiel gleich – Moment –", Frau Moorweis zählt an den Fingern ab: „Eins, zwei, drei, vier, – fünf! Ja, fünf! Und morgen abend, morgen abend vielleicht – ein sechstes. Man kann nie wissen!"

Human-Feeling der reichen Reifschönen

Die immer noch reifschöne Fürstin von Bürstenzwerg wankte so um die dritte Morgenstunde aus ihrem Beisl für Besserverdiener, wo sie schon der Ehre teilhaftig geworden war, vom Türgucker Dolfi geduzt zu werden. Auf dem Weg zu ihrem Ferrari, Baujahr 1922, fiel sie über einen am Randstein hockenden und vernehmlich seufzenden, großen, breitschultrigen Herrn in den Jahren, die noch vor den besten liegen. Ihre eigenen besten lagen ebenfalls noch weit vor ihr. Mein Gott, sie war erst sechzig! Eine Lappalie!

„Ogottogott, was tut's?" rief die reifschöne Fürstin mitfühlend, wenn er auch nur eine Trevirahose zu hundertsieben Mark anhatte. „Der Mann, der durchs Guckloch der Bar auf mich guckte, ließ mich nicht rein!" schluchzte der hochgewachsene Attraktivi auf. „Dabei habe ich mir den Sozialistenbart, den ich woanders so nötig gebraucht hätte, erst gestern abnehmen lassen! Ich versteh' die Welt nimmer! Wie soll ich denen, die mir alles bedeuten, morgen unter die Augen treten? Kein Kredit mehr, keine Einladung auf die Privatyacht vom Gunther mehr, wenn die das erfahren!"

Die reifschöne Fürstin schnallte rasch: Groß war

er, ein komplettes Gebiß besaß er auch. Den guten Benimm durfte er vergessen, wann er einen hatte, weil der gar nicht mehr zum guten Ton paßte. Sie nahm ihn mit in ihr Penthouse für die Dreiviertelmillion vom Geschiedenen und kaufte ihm gleich am nächsten Vormittag Sachen von Robby Rob und Luigi Cozzi. Klar, daß die in echte Vuitton-Koffer kamen, das Stück zu siebentausend.

„Wieviele Manschettenknöpfe hast du?" wollte sie besorgt wissen. Als sie hören mußte, daß es nicht mal siebenundzwanzig waren, die meisten von Tomback, rief sie erschüttert: „Armer Liebling!" und stockte sie umgehend auf zweihundert auf. Natürlich nicht auf solche von einem x-beliebigen Ju-

welier. Das war schon der des Hauses Rothschild, Paris. Einer hatte sogar Mondgestein. Viel Geld ausgeben ist sozial, hatte sie von ihrer Tante, der alten Gräfin von Schwerbin, gehört. Das konnte sie nur bekräftigen.

Sodann weihte sie den neuen Poldi, den ihr der Himmel beschert hatte, in die Anfangsgründe der höheren Maklerweisheiten ein, denn ehrliche Arbeit schändete die adlige Hand schon lang nicht mehr! Auch vergaß sie nicht, ihm beizubringen, wie man ein paar hundert Kampfpanzer M 48 A 5 sowie ein Dutzend lumpige Zerstörer über ein bis sieben Drittländer in ein Gebiet vermittelte, wo man sie halt dringend zur Bewässerung von Erdbeerplantagen benötigte.

Auch die Reichen und Schönen haben ihre Sorgen und überlegen, wie sie ihr Geld möglichst sozial unter die Leute bringen.

Nach dem ersten selbständigen Abschluß, den er getätigt hatte, kam eine Batterie Flaschen aus dem Médoc auf den Tisch, die vom Napoleon übriggeblieben waren. Erst im drittnächsten Sommer trat die reifschöne Bürstenzwerg ihren Darling an die Gattin eines peruanischen Urwaldlabor-Besitzers ab. Aber macht nix! Schon bahnte sich eine neue Beziehungskiste an. Also fürs erste mal der Graf von Marco Balley – der mit dem Bier! Und wenn sie der nur so ansoftete, weil er ein Alibi für die Familie und sonst auch brauchte, konnte man auch den Dolfi, den Türgucker von der „Sonder-Bar", mit an die Brust nehmen. Groß war er, schlank war er, ein komplettes Gebiß hatte er. Das größere Einmaleins konnte man ihm beibringen. Also warum ned! Das war auch sozial, einen armen Schnipfer ein bisserl hinaufliften. Wie das Geldausgeben!

Wer, Hand aufs Herz, wäre so spießig, einer reichen reifschönen Sechzigerin das bißchen Engagement für sozial Schwache zu verübeln?

117

Die schöne Chefin

Man soll sich nicht in seine Chefin verlieben, sagt ein altes Sprichwort, auch wenn sie gute dreißig Jahre älter wäre. Aber passiert ist passiert! Es gibt kein sicheres Mittel dagegen. Dieter R., mit Realschulabschluß, hat es erwischt! Kein Wunder, sowas wie diese Friederike Ungerer gab es selten oder nie. Eine Sophia Loren, selbst in ihren besten Jahren, war matter Abklatsch gegen sie. So fand jedenfalls der Volontär Dieter R. bei sich. Wenn er zu ihr ins Chefbüro reinmußte oder sie seinen Arbeitsplatz ansteuerte, wurden ihm die Ohren rot, und er wußte nicht mehr, was für ein Datum war. Leider trug die Chefin einen aparten Ehering und führte manchmal ein Privatgespräch, wenn er gerade an ihren Schreibtisch trat.

Ob ihr Gatte ihr das Wasser reichen konnte? Daß dieser so attraktiv wie sie selber sein könnte, schloß er jedenfalls von vornherein aus. Der Dieter stellte sich vor den Spiegel. Ein dynamischer Jungmann von dreiundzwanzig Jahren guckte ihm entgegen. Für jede Mutter ein erfreulicher Anblick. Einssiebenundachtzig groß, Handballprofi, ein gesundes Lachen im Gesicht, die braunen Haare hinten zu einem sauberen Zöpferl geflochten. – Nicht nur der Spiegel gab sich als Kavalier. Positive Resonanz aufgrund seiner attraktiven Gesamterscheinung erfuhr er auch von entgegenkommenden weiblichen Wesen zwischen siebzehn und siebzig, ganz abgesehen von dieser und jener Kollegin.

Sonderbar also, daß die herausragende und verwirrende Erscheinung der Chefin ihm gegenüber total sachlich, wenn auch nicht unfreundlich blieb. Sollte er das Handtuch werfen und das wunderbare Gefühl für sie im Herzen begraben? – Nein, kam nicht in Frage! Die müßte doch weich zu kriegen sein! Da hing doch glatt sein ganzes Selbstwert-Feeling dran!

Die todernsten Gefühle eines jungen Mannes einer reifen Frau gegenüber sollte man nicht auf die leichte Schulter nehmen.

Er begann als neue Strategie, von der er mal gelesen hatte, auf Teufel komm raus mit der Substitutin Jasmin Bolz zu flirten, daß sich sämtliche Schreibtische bogen. Die schöne Chefin schien es nicht zu sehen. Vielleicht freute sie sich sogar drüber? Was nun? Anscheinend hatte sie zu Haus einen so tollen Gatten, daß ihr alle anderen als abgeschlaffte Heinis erscheinen mußten? Dieter R. er-

120

schien bleich und still in der Firma, sein umflorter Blick schweifte über die Kollegen und teilnehmend ihn musternden Kolleginnen hinweg. Der Fall fing an, pathologisch zu werden. Gott sei Dank nahm nun die schöne Chefin das veränderte Aussehen zur Kenntnis und fragte freundlich, ob ihm was fehle und er vielleicht ein paar Tage zu Haus bleiben wolle. Der Dieter sah sie, ohne zu antworten, nur starr an.

„Ja, wirklich", fuhr sie fort. „Sie brüten, wie mir scheint, was aus. Gehen Sie heim! Eine Aushilfe wird sich schon finden!"

Stumm packte er seine persönlichen Siebensachen und verdrückte sich. Er fuhr nicht nach Hause, sondern parkte nach einer halben Stunde Fahrt an einem Waldrand und schlug einen abseitigen Pfad ein. Da kamen ihm seine Bubenjahre in den Sinn, die nicht besonders freundlich verlaufen waren.

Kindheit und Jugendjahre hatten eine leere Stelle in seinem Herzen hinterlassen.

Die Mutter hatte sich nach der Scheidung verdrückt, der Vater eine zweite Frau genommen. Keine Streichelhand mehr auf seinem Scheitel, kein extra Leckerbissen mehr, kein Kosename mehr. Dann hatte er die Mutter suchen wollen. Sie war in eine andere Stadt gezogen. Da war ein Fremder bei ihr, der ihn nicht an sie ranließ. Nach vier Tagen wieder zu Hause erscheinend, bezog er Prügel vom Vater. Außerdem mußte er sich allerlei über die eigene Mutter anhören. Er verschwand in seinem Zimmer und kam nur zu den Mahlzeiten wieder heraus. Das seelische Gleichgewicht fand er dann einigermaßen wieder im Sportverein, zu dem ihm irgendein Streetworker riet. Daß ihn jetzt alle mochten, auch die Mädchen, tat ihm gut und bewahrte ihn vor Krisen und Konfliktsituationen. Aber eine leere Stelle fühlte er immer noch in sich. Und wunderbarerweise fühlte er die nicht, wenn die schöne Frau Ungerer in der Nähe war.

Der Dieter verhielt den Schritt, weil ein Eichkätzchen den Weg kreuzte und

den nächsten Baum hinaufturnte. Nein, er mochte morgen nicht zu Haus herumhängen. Er wollte wieder ins Büro, daß er zumindest in einem Haus mit ihr dieselbe Luft atmen durfte.

„Irgendwie wird man ja wohl ein Spinner sein dürfen!" beruhigte er sich selbst. In der folgenden Woche bekam die schöne Chefin eine gemeine Grippe, die asiatische, und mußte das Bett hüten. Aber Unterschriften waren trotzdem fällig. Man fragte den Dieter, ob er nicht mal schnell mit der Mappe zu ihr in die Wohnung flitzen könnte. Selbstverständlich. Sein Herz klopfte schneller. Die Zeit war ihm verdammt lang geworden ohne ihre süße Anwesenheit. Wie sollte das mit ihm nur weitergehen!

122

Ein unvorhergesehener Hausbesuch bei der schönen Chefin.

Am Haus, in dem sie wohnte, drückte er auf den Klingelknopf. Oben im zweiten Stock stand er vor einem nicht allzu schlanken, weißhaarigen Herrn in den besten Jahren, die bekanntlich weit in die siebziger hinaufreichten.

„Guten Tag, kommen Sie nur herein!" Der Herr in den besten Jahren führte den Besucher durch den Korridor, wo auf dem Boden ein Kleinkind eine Eisenbahn dahindampfen ließ. „Pf-pf-pf-" sang es dazu.

„Unser Enkelkind!" stellte der Herr vor. Dann rief er in ein Zimmer hinein: „Die Postmappe!"

Dieter trat ein. Frau Friederike Ungerer lag auf der Couch, warm zugedeckt, und sah dem jungen Attraktivi der Firma freundlich entgegen.

Sie war so schön wie immer, und dem Dieter wurde so weh ums Herz.

„Möchtest du mir bitte ein zweites Kissen in den Rücken schieben!" wandte sich die schöne Frau an den Mann, der, argumentierte der Dieter bei sich, doch glatt ihr Vater sein könnte.

Trotzdem spürte er, daß er ihn ein bißchen haßte. Wortlos verharrte er neben der Chefin, die flott etwa dreiundvierzig Briefe mit ihrer Unterschrift versah.

„Na also!" Sie gab sie ihm zurück. „Wollen Sie einen Kaffee mit uns trinken? Und Kuchen dazu?"

123

Dieter lächelte ein wenig schmerzlich, als hätte er Zahnweh.

„Man wartet im Büro schon auf die Mappe!" entgegnete er. „Gute Besserung und auf Wiedersehen!"

Traumverloren betätigte er vorm Haus den Anlasser seines Kleinwagens. Während er auf die einsetzenden Motorgeräusche horchte, kamen ihm wieder einmal seine Bubenjahre hoch. Wenn er eine Mutter wie die schöne Frau Ungerer gehabt hätte! Er machte ein verdutztes Gesicht.

Wie kam er auf so einen Gedanken? Wie im Traum fuhr er an und lenkte in den fließenden Verkehr hinein.

Die schöne Frau Ungerer wurde wieder gesund. Wieder folgten ihr Dieters Blicke nach, und wieder bekam er einen schnelleren Puls, wenn er an ihren Schreibtisch mußte oder sie an seinen trat. Einmal, ja einmal tat sie etwas Ungeheuerliches. Da hob sie mit ihrer Linken sein Kinn in die Höhe und guckte ihm in die Augen; die Sabine Kirch vom benachbarten Bildschirmarbeitstisch, der Sachbearbeiter Hendrik Reisig und die Halbtagsschreibkraft Isabella Irlbach waren Zeugen.

Die schöne Frau Ungerer sah, ohne sich darum zu scheren, dem Dieter in die blaugrauen Augen.

„Junge!" sagte sie dann, „wir haben dich gern! Wenn dich irgendwo der Schuh drücken sollte, komm zu mir!"

Sie ging weiter. „Ein Glückspilz ist er schon,

Eine Traum-Mama, wie es sie in Wirklichkeit gar nicht gibt.

dieser Dieter!" meinte Sabine Kirch bei sich.

Beim Betriebsausflug am siebzehnten Mai in einem See-Restaurant der Region tanzte die schöne Chefin dann mit ihm einen flotten Rock'n' Roll und einen steinalten Bossanova. Dann winkte sie eine ziemlich Neue heran. Eine Blonde von siebzehn Jahren.

„Der Maja lernst du jetzt ein paar offene Schritte", ermunterte sie ihn. „Ich spendiere zur Belohnung zwei große, gemischte Eisbecher!"

„Sie ist wie eine Traum-Mama, die's in Wirklichkeit gar nicht gibt!" flü-sterte Maja, die junge Neue, ihm zu. Sie roch so gut nach Charlie und rauchte nicht.

„Ja!" gab Dieter zurück. „Und Träume werden nie wahr!"

„Träume muß man vergessen!" riet ihm Maja. Sie war anscheinend ein kluges Kind und sprach aus Erfahrung, so jung sie auch war.

Gleich in der folgenden Nacht hatte Dieter R. einen ganz besonders kostbaren Traum. Da rief er nach der Mutter, wie schon oft. Und wer trat im Traum an sein Bett, hob sein Kinn hoch und sah ihm lange und innig in die Augen? Niemand anderer als die schöne Frau Ungerer.

Aber weshalb sollte er einen so schönen Traum vergessen wollen?

Wenn man wieder wie neu ist

Der runde Geburtstag von sechzig Jahren war da! Marylou sah ihre Mama am Vorabend des bedeutungsschwangeren Tages kritisch an. Da mußte ein ganz besonderes Geschenk her! Und so überreichte sie ihr im teuren Schmuckkouvert nebst einem Riesenstrauß herrlicher Pfingstrosen einen exquisiten Gutschein.

Neugierig guckte die Mama hinein.

„Da war ich ja noch nie!" rief sie erstaunt.

„Darum!" entgegnete die Tochter ein bißchen zweideutig.

„Tut es weh?" fragte die Mama ängstlich zurück, ohne das Zweideutige zu beachten.

„Ach was! Trau dich nur! Du wirst sehen, wie die Behandlung deinem Image auf die Füße hilft!"

Also wanderte die Mama zum bezeichneten Ort, wo es betörend duftete und sie von einer makellosen Schönheit in eine Art Zahnarztstuhl gebettet und schön warm zugedeckt wurde. Sodann klatschten ohne Vorwarnung heiße Kompressen auf sie nieder, und eine gnadenlose Zupferei begann, daß sie ein bißchen wimmerte. Statt die Quälerei zu beenden, schwang die makellose Schönheit mitleidlos ein scharfes, wenn auch kleines, Messerchen.

„Zum Pickelaufschlitzen!" wurde sie auf ihr entsetztes Zurückweichen hin belehrt.

„Ich hab' doch gar keine!" beteuerte die Mama mit bebender Stimme.

„Hihi! Das meinen Sie bloß!" Die makellose Schönheit verzog den in einem unwahrscheinlichen Rot strahlenden Mund spöttisch und setzte das überscharf geschliffene Instrument an. Die Vorfreude auf das neue Gesicht ließ die Wehrlose alle Wehschreie verbeißen. Etwas später dann, Gott sei Dank, hieß es, sie solle die Augen schließen und sich absolut entspannen. Das tat die Mama auch, dachte nur ein klitzeklein wenig ans Abendessen,

Ob Makrele oder Hering – kein Grund für Sorgenfältchen.

und ob sie dazu eine Makrele erstehen sollte oder nur ein paar Heringe. Aber, argumentierte sie kurz vor dem Entschlummern, Heringe waren auch nicht mehr, wenigstens vom Preis her gesehen, die Speise des kleinen Mannes. Dann schon gleich Makrele!

Liebevoll streichelte die makellose Schönheit, Alter total unbestimmbar, sie in die rauhe Wirklichkeit zurück, um anschließend ihre Sorgenfältchen mit überraschend nervigen Händen zu walken.

Gestreßt ließ die Mama ein paar Gesichtsmuskeln erschlaffen.

Die Visagistin verwies es ihr streng. Damit finge alles an! Mit diesem unkontrollierten Sichgehenlassen! Der Mann stehle sich aus der Wohnung, die Kinder erreichten das Klassenziel nicht, die Nachbarn zeigten mit Fingern auf sie. Und die schöne, alterslose Quälerin hob warnend den gepflegten Zeigefinger. – Die Mama zwang sich dazu, an einige Dinge zu glauben, obgleich dies den herrschenden Naturgesetzen zuwider lief. Aber der Glaube versetzte ja Berge. Da konnte er auch ein kleines, unauffälliges Sorgenfaltengesicht im Verein mit der tatkräftigen Unterstützung durch eine staatlich geprüfte Kosmetikerin verändern. Im übrigen wäre sie froh darüber gewesen, wenn der Mann, dem sie vor Jahrzehnten angetraut worden war, sich öfters tagsüber aus der Wohnung geschlichen hätte, damit sie ein paar Stunden für sich allein gewesen wäre. Die Kinder hatten alle ihre Klassen- und sogar Lebensziele erreicht, und von einem Fingerzeigen der Nachbarn auf sie, die Mama, war ihr bis dato nichts bekannt geworden.

Nach anderthalb Stunden Schönheitssalon wie neu geboren.

Nach anderthalb Stunden rappelte sie sich empor und ging, geleitet von den Segenswünschen der makellosen Schönen, von dannen. Gott sei Dank wußte niemand außer der edlen Spenderin von ihrem Besuch im Verschönerungsladen. Aber, die Mama haute es fast um: Kaum stand sie draußen in einem schmeichelnden Frühnachmittags-Sonnenlicht, kam ihr ein junger Mann entgegen, stutzte und guckte sie starr an. Als er, betont langsam, an ihr vorbeistrich, pfiff er anerkennend durch die Zähne. Die Mama hielt Umschau nach einer süßen Zwanzigjährigen, der dieses Kompliment in Gestalt eines zarten Pfiffes gelten mußte, aber sie fand diese nicht und machte, daß sie in den nächsten Supermarkt kam.

Zu Hause fixierte der Gatte sie irritiert, legte die Stirn in Falten, setzte zum Sprechen an, sagte aber nichts. „Is was?" flötete Gudrun.

„Irgend etwas schon!" Er trat nahe an sie heran, hob die Hand und rieb an ihren Schläfen herum.

„Au!" beschwerte sich Gudrun und gab ihm eins auf die Finger. Er indessen sah nach, ob kein Puder, kein Rouge oder sonst etwas aus der Schminkschatulle darauf pappte. Aber nichts dergleichen.

„Ich war doch –" begann sie ein wenig verlegen, „ich war doch mit dem Gutschein im Schönheitssalon!"

„Ach sooo!" schlug sich der Gatte vor die Stirn. „Ja, warum sagst du das nicht gleich! Na, tatsächlich!"

Selbst der liebe Gatte ist überaus erstaunt, daß seine Gudrun „wie neu" ist.

Er griente unsicher.
„Tatsächlich –hihi – wie –
hihi – neu!"

„Du mit deinen
Sprüchen!" fertigte ihn
Gudrun ab. Aber im Vor-
übergehen tat sie einen ra-
schen Blick in den Spiegel.
Als sie während des Mit-
tagessens kundtat, daß sie
nachmittags und vielleicht
sogar den Abend mit ihrer
besten Freundin zuerst irgend etwas in irgendeinem
Kaufhaus kaufen und so-
dann in einem netten Re-
staurant eine Kleinigkeit
nebst einem Glase Wein zu
sich nehmen würde, setzte
ihr Gegenüber eine be-
denkliche Miene auf.

„Und was ist mit mir?"
fragte er vorwurfsvoll.

„Wieso?" erstaunte sich
die Mama. „Im Kühl-
schrank ist alles. Auch was
Warmes, das du nur drei
Minuten auf die Platte zu
stellen brauchst! Im Brot-
kasten findest du viererlei
Brot inklusive eines von
viererlei Körnern
gebacken!"

Die Stirn des Gatten fal-
tete sich noch düsterer. So
hatte sie ihn seit minde-
stens zwanzig Jahren nicht
mehr gesehen. Doch sie
sagte sich, daß man den
Anfängen wehren müsse,
tat, als sehe sie keinerlei
Anzeichen eines schief
hängenden Haussegens,
zog sich flotte Sachen an
und drückte die Tür nach
einem freundlichen Ab-
schiedsgruß hinter sich ins
Schloß. Als sie zu noch
durchaus gepflegter Zeit,
nämlich so gegen acht Uhr,
heimkam, wartete ziemli-
ches Geschirr auf sie, von
dem ihr rätselhaft blieb,
wie es sich, nur von einer
Einzelperson benutzt, so
gehäuft haben konnte.

„Nun erzähl mal schön", wurde sie aufgefordert, Bericht zu erstatten. Arglos gab sie diese und jene Winzig-Episode preis.

„Und hat euch niemand angequatscht?"

„Aber nein!" wehrte Gudrun kopfschüttelnd ab. „Das heißt, so ein Schnösel wollte sich doch partout an unserem Tisch breitmachen, obwohl noch genügend andere freie Plätze vorhanden waren!"

„Siehst du, siehst du!" trompetete der aufmerksame Zuhörer. „Das kommt von deiner auffallenden – na ja – Aufmachung. Direkt herausfor-

Ein bisserl Eifersucht des Gatten schadet nichts. Es darf bloß nicht zu viel sein!

dernd. Ich glaube, das nächste Mal gehe ich da besser mit!"

„Wie seh' ich das?" fiel ihm Gudrun ins Wort. „Seit Jahr und Tag gehe ich mit meiner besten Freundin bummeln! Tauchst du nicht ebenfalls hin und wieder, und durchaus nicht für so kurze Spannen wie ich, nach irgendwohin ab, ohne daß ich dir mit bohrenden Fragen nach dem ‚Wo gewesen?' auf den Geist gegangen wäre?"

„Du bist seit gestern sechzig und eine alt – äh – Frau in den – den sozusagen – gesetzteren Jahren! Da kann doch allerlei passieren beim Allein-Umhertrödeln! Außerdem könnte man über dich dumm daherreden, und überhaupt hätte der Marylou etwas Gescheiteres einfallen dür-

Welcher Mann hat es schon gerne, wenn seine Frau ihm ironisch kommt?

fen, als dich in so einen lächerlichen Verschönerungsladen zu lotsen. Da kommst du nur auf seltsame Gedanken. Du bist sechzig, da beißt die Maus keinen Faden ab und basta!"

„Sag mal, hast du nicht ein bißchen zu viele türkische Kollegen an deinem Arbeitsplatz gehabt?" wollte die Gattin verdächtig ruhig wissen." Gleiche Rechte für alle ist die Parole hier in Mitteleuropa, abgesehen von den anderen – Ungereimtheiten, die du plötzlich vor meinen staunenden Ohren verkündest!"

Kein Mann hat es gerne, wenn seine Frau ihm ironisch kommt. Der Gatte suchte nach einer Entgegnung, die sie ins Mark treffen sollte. Selbstredend nach einer noch viel ironischeren, als sie sie gewagt hatte. Der Haussegen geriet in eine noch schrägere Lage als vorher. Bevor er sie gefunden hatte, fuhr Gudrun fort:

„Du bist mir vielleicht ein Kasperl! Freu dich doch, wenn mich noch dieser oder jener anschauen mag, und wenn du eine Frau hast, die keineswegs einer – einer Matrone ähnelt. Nebenbei laß dir gesagt sein, daß sechzig Jahre höchstens ein Grund zum Neu-Anfangen sind! Hast du mich?"

Der Gatte vergaß die großartige Antwort, die ihm schon auf der Zunge

133

gelegen hatte. Gudrun bekam Mitleid mit dem armen Burschen, ging zu ihm hin und legte ihm die Arme um den Hals.

„Weißt du was! Das nächste Mal gehst du tatsächlich mit, wie du vorhin laut gedacht hast, und zahlst dafür die Rechnungen! Ist das nicht ein Vorschlag! Auch die von meiner besten Freundin! Die muß sowieso jeden Pfennig umdrehen und hat sich heute außer drei Lockenwicklern in einer Kaufhalle und Würstl mit Kraut im Restaurant nichts geleistet!"

„Ein neues Parfüm hast du dir auch zugelegt!" kam es an ihr linkes Ohr, an dem der Gatte interessiert schnupperte.

„Klar!" entgegnete Gudrun. „Wenn schon, denn schon!"

Der wundervolle Sommer

Eine Mama, die nicht mehr gebraucht wird, ist eine am Boden zerstörte Mama. Denn Sinn wie Daseinszweck einer Mama aus Leidenschaft ist, daß man sie braucht. Und genau das will sie auch. Nachher ein bißchen drüber jammern wird ja wohl noch erlaubt sein, was?

In früheren, wundervollen Jahren hatte die Mama die Tochter öfters fragen dürfen, ob vielleicht wieder mal eine Krise anstand. Meistens um ein Mannsbild. Meistens hatte das Goldkind darauf dem Mütterchen geklagt: „Steck die Bande in einen Sack und hau drauf – du triffst immer den richtigen!"

Aber eines schönen Tages war es, sie wußte nicht, wie, mit der Auskunftsfreudigkeit der Tochter vorbei.

„Laß mich meine Probleme jetzt selber lösen!" hatte die Antwort auf eine diesbezügliche Frage gelautet.

War es nicht kurz nach ihrem sechzigsten Geburtstag gewesen? Genau! Mütterchen erinnerte sich. Hatte ein ganz hinterhältiger Genosse, etwa ein neumodischer Psycho-Spezialist, die arme Miriam gegen sie aufgehetzt?

Gerüchteweise war ihr sowas zu Ohren gekommen.

Wie gesagt, ein Mütterlein, dem Einblicke in Seele und Gemüt und Probleme des Kindes verwehrt wurden, war wie ein Blumenstock ohne Wasser. Er verkümmerte, verdorrte und verdarb und verlöschte zuletzt.

Eine Bergwanderung – auf dem Weg, um mit sich ins reine zu kommen.

Sie mußte, um mit sich mal ins reine zu kommen, in die Bergeinsamkeit hinauf. Da kam ihr vielleicht ein rettender Einfall für ihre Problematik. Da droben auf der Höh' war die Welt noch in Ordnung.

Der Himmel blau-weiß, die Hänge grün, die Wände grau, der Wildbach silberschäumend vor Gischt, an stillen Stellen funkelnd wie ein Smaragd. Der Bergwind säuselte frisch und voller Duft um sie.

Die Mama setzte sich auf einen gefällten Baum. Sie hatte Zeit. Niemand brauchte sie mehr, niemand fragte sie mehr was, niemand suchte ihre Hilfe, ihren Rat oder Schutz. Mütterlein schniefte ein bißchen durch die Nase. Ein Vogel flatterte auf, ein anderer ließ sich auf einem Zweig nieder. Über ihr kreiste ein Falke und löste sich im Himmelsblau auf. Eine Bergdohle schrie von der grauen Wand herüber. Die Sonne zog ihre Bahn, der Wald raunte geheimnisvoll hinter ihr. Ein Wanderer kam ihr entgegen. „Grüß Gott!" – „Grüß Gott auch!" Er tauchte hinter einer Felsnase ab.

Plötzlich kam aus der blauen Luft ein Punkt näher und näher. Und dann war da noch etwas anderes. Die Mama spannte die Sinne an. Über ihr rauschte es wie von plötzlichem Sturm. Ein Schatten wie von einer rasch ziehenden Wolke strich heran. Ein starkes Flügelschlagen. Plötzlich ein leiser Ton von einem Jungvogel. –

Was war denn das in ihrer linken Hand, die halb geöffnet auf den Knien lag?

Ein kleiner Vogel kauerte drin, kuschelte sich, ja preßte sich in die warme, weiche, schützende Höhle. Und keinen Meter weit von ihr entfernt zog der Turmfalke hin, fast den

In letzter Sekunde den Klauen des Turmfalken entkommen.

Boden mit den Schwingen streifend, weiterziehend, hinter den nächsten Tannen verschwindend.

Atemlos hielt die Mutter die Hand weiter auf den Knien. Das Vöglein hatte sich in letzter Sekunde vor dem dunklen Räuber gerettet. Zartes Pochen kündete von seinem ängstlichen Herzschlag.

„So ein Glück, daß ich da war!" wisperte die Mutter, ohne die Hand zu rühren. Dieses Glück, zur rechten Zeit dagewesen zu sein, tat fast weh.

Jemand hatte sie gebraucht, wenn auch nur ein paar Herzschläge lang.

Welch glücklicher und zugleich sinnträchtiger Zufall.

Und mit dem Seelenzergliederer, der die Miriam gegen sie aufgehetzt hatte, würde sie ein Wort reden!

Mütterchen wartete, bis das Vögelein aus der warmen Höhle auf ihren Daumen hüpfte und dann davonflatterte.

Die Wochen vergingen; die Mama stand in der Früh' auf und tat ihre Arbeit, telefonierte mit ihrer besten Freundin, führte den Hund ihrer Nachbarin in die nächstgelegene Anlage, weil die Gute sich einen Fuß gebrochen hatte, strickte an einem Pullover, der, sie wußte nicht wie, der Tochter wie angemessen passen mußte. Als die Nachbarin wieder

ordentlich laufen konnte, kam der Mama die Erleuchtung der Stunde! Wenn sie halt unbedingt wen zum Bemuttern und Betuttern brauchte, dann ein verlassenes, unglückliches Vieh. Und die Mama fuhr ins städtische Tierheim, wo viele arme Wesen darauf warteten, in die Obhut Mamas überwechseln und vom traurigen Warte-Ort zu einem Wesen kommen zu können, das für sie das einzige auf der Welt werden würde, das sie besaßen! Dieser Gedanke gefiel der Mama auf der Fahrt so gut, daß sie verklärt vor sich hinlächelte. Selbstverständlich nahm sie dann das Hundeexemplar, das sie am sehnsüchtigsten durchs Gitter fixierte. Besonders schön war er nicht, auch nicht besonders kostbar, und anscheinend nicht aus den feinsten Kreisen stammend, denn es fehlte ihm das halbe linke Ohr, und eine Narbe an der rechten vorderen Flanke sprach ebenfalls eine eindeutige Sprache. Nämlich die vom Bösen, das in die Menschen fahren konnte.

Der erste Abend zusammen mit dem neuen Freund gestaltete sich in einiger Hinsicht außerordentlich! Die Mama hatte dem Tolli, wie sie ihn taufte, ein kuscheliges Schlafplätzchen gerichtet, nachdem er nicht schlecht zu Abend speisen hatte dürfen.

Als sie das Wort an ihn richtete, wollte sie darauf schwören, daß er fast alles davon verstand. Jedenfalls dem Ausdruck seiner Augen nach zu schließen.

„Wir zwei werden ein großartiges Gespann abgeben!" schloß sie. Er legte eine Pfote in ihre hingestreckte Rechte, da ging das Telefon. Die Mama griff zum Hörer.

„Hier Miriam!" schallte es ihr entgegen. „Was muß man vernehmen! Du hast dir einen Hund angeschafft?"

Die Mama mußte tief durchatmen.

„Irgendwer von uns beiden muß eine Dings – eine Meise haben. Rate mal schön, wer! Erst gibst du mir überdeutlich zu verstehen, daß du – daß du künftig meine – meine Liebe und guten Ratschläge und so entbehren kannst, und plötzlich paßt es dir nicht, wenn ich mir einen Hund zulege, um zumindest – also, du verstehst, zumindest einen Kameraden in meiner Einsam-einsam-keit –" Mütterchen brach die Stimme ein bißchen. Am anderen Ende der Leitung räusperte man sich.

Und plötzlich ist alles ganz anders: Man wird Oma und wieder gebraucht.

„Rate mal, was bei mir los ist?"

Mütterchen blieb stumm, ihrer Stimme noch nicht sicher.

„Du wirst in drei Wochen Oma oder wie du es sonst nennen magst. Und da hielte ich es für angebracht, mal ans Kinderwagenschieben einige Gedanken zu verschwenden! Meinst du nicht auch, daß da ein Hund eher als Störfaktor anzusehen wäre?"

Mütterchens Seelenzustand stabilisierte sich überraschend schnell wieder.

„Na sowas! Ich werde keinesfalls kneifen und mich meinen Pflichten als Kinderwagenschieber voll stellen! Was den Hund als Störfaktor dabei anbelangt, bin ich allerdings gegenteiliger Ansicht, liebes Kind! Er kann nur zur Bereicherung der Umstände beitragen. Nichts tut ein Hund bekanntlich lieber, als auf Kinderwagen einschließlich darinliegender Babies aufzupassen. Also –" Mütterchen machte eine effektvolle Kunstpause und fuhr fort: „Wann soll ich kommen? Mein Telefon ist, wie du weißt, rund um die Uhr bereit!"

Es wurde fast der schönste Sommer für die Mama.

Man sah sie, den Tolli an der linken Seite des Kinderwagens (ohne Leine, denn er fürchtete nichts so sehr, als wieder von dem neuen Frauchen gerissen zu werden) durch die grünen Auen und Anlagen und Parks der Stadt wandeln. Weil für sie gleiche Rechte allen Wesen gegenüber keine hohle Phrase waren, richtete sie sowohl ans Baby als auch an den Tolli Ansprachen, Mahnworte, Fragen und süße, wenn auch weitgehend sinnentleerte Koseelemente. Aber der Schein trügt natürlich. Liebe an sich macht schon Sinn! Noch dazu verbunden mit so viel Glück! Wie gesagt, ein wundervoller Sommer. Und nicht der letzte!

Penelope hat's auf den Punkt gebracht

Penelope ging an ihren Kleiderschrank und prüfte die Kostüme und Komplets und Röcke und Blusen und Jeans und T-Shirts und Kleider, lang oder kurz, halblang oder halbkurz. Was konnte man noch, oder schon wieder anziehen? Denn sie hatte, während Odysseus im überflüssigsten Krieg der Welt, dem Trojanischen um die halbseidene Helena, im Einsatz war, mächtig sparen müssen. Jünger war sie auch nicht geworden, sondern runde sechzig! Und er, der Held, der es verstanden hatte, neben und nach dem Abschlachten sogenannter Feinde überall nette Mäuschen zu vernaschen? Mit oder auch gegen deren Willen! Was soll's! Das Heldentum wurde dadurch keineswegs beeinträchtigt! Na, er hatte ebenfalls seine Jahre auf dem Buckel! Penelope rechnete an den Fingern nach. Jünger als sie konnte er gewiß nicht sein, sondern satte drei- bis fünfundsechzig. Jawohl! Zehn Jahre Krieg vor dem Kaff Troja, dann zehn Jahre Rumtrödeln auf dem sonnigen Mittelmeer und an den nicht weniger sonnigen Küsten. Sicherlich würde er mit Glatze und Falten, die das viele Meerwasser in die Haut gefressen hatte, aufkreuzen. Penelope warf einen schrägen Blick zum großen Spiegel, hinter dem unzählige Ansichtskarten von ihm steckten, die letzte aus Korfu.

„Heimkehr nur noch eine Frage von Tagen!" hatte es auf der letzten Postkarte aus Korfu geheißen.

„Heimkehr nur noch eine Frage von Tagen!" hatte er mit seiner flotten Schrift darauf geworfen. Und „Gruß an Sohn Telemach! War er auch immer brav? Hat er 's Abitur endlich geschafft? Was mag er

mal werden? Am besten Außenminister! Da hat er sein sicheres Butterbrot und kann umsonst rumdüsen! Genau genommen kann er schon von den Nebeneinkünften gesund leben! Bussi, Bussi, Dein Seusi!" – Aus dem Odysseus machte er meist das kurze Seusi! Na ja, Geschmackssache!

Auf den bunten Kartengrüßen vom Lager vor Troja, schon leicht stockfleckig, war viel von Heldentum und Heldentod, Ehre, Ruhm und Vaterland zu lesen.

„Wir werden siegen, und wenn um uns die Fetzen fliegen und alles in Scherben fällt! Wir bauen's nachher schon wieder viel schöner und größer auf!" Einige Male hatte sie Pakete mit requiriertem oder konfisziertem Feindgut er-

146

halten. Alles pfenniggut! Pelze, Schmuck, Tafelsilber, altes Porzellan aus China. Mein Gott, Krieg war Krieg! Sie hatte die Annahme postalisch bestätigt und in Vitrinen und Kommoden verwahrt, was so von der Front kam. Penelope nahm mit spitzem Finger eine mehrmals eingeknickte und verblaßte Karte von ihrem Platz. „Heute die schöne Helena auf einer Burgzinne vom alten Deppen Priamos gesichtet. Warf uns Kußhändchen zu. Ich glaube, es wird ihr bereits langweilig in dem Nest, mit der sturen angeheirateten Durchhalte-Verwandtschaft, angefangen von der bigotten Schwiegermutter Hekuba bis zur Schwägerin Andromache, der Totalkriegs-Fanatikerin. Aber unser ist der Sieg!

Gar keine Frage. Übrigens muß die Helena mächtig zugenommen haben. Wenn du mich fragst, könnte der Playboy Paris die jetzt nicht mehr so ohne weiteres zwecks Entführung über irgendeine Parkmauer hieven!" – Was der Gatte natürlich in seinen Ausführungen unterschlug, waren die zahlreichen gschlamperten Verhältnisse mit Türkinnen, Skythinnen und Hethiterinnen. Auch hatte er sich nie danach erkundigt, wie sie zu Hause so mit allem zurechtkam. Törnte und schipperte so von einer Insel zur anderen und ließ nirgends was anbrennen! Und alle staunten ihn mit der Zeit wie ein Weltwunder an und waren dafür, ihn ins Guinness Buch der Rekorde eintragen zu lassen. Sie, Penelope, kannte

Was tut frau nicht alles für ihren Odysseus.

ihren Alten besser! Trotzdem! Na ja! Immerhin! Er sollte beim Wiedersehen nach so langer Zeit nicht erschrecken und sich nach irgendeiner Circe, Kalypso oder Nausikaa zurücksehnen! Das war sie sich schon schuldig.

Nach kurzem Überlegen telefonierte Penelope mit ihrem Friseur und dem Verschönerungsladen. Eine Rundumbehandlung mit Beauty-Maske mußte her.

Am übernächsten Tag, einem Mittwoch, stand er im Vorgarten inmitten von Koffern und Bags. Das Taxi flitzte davon.

„Hallo!" tönte er, sich den Schweiß mit einem nicht sehr sauberen Tuch abwischend.

„Hallo!" erwiderte Penelope. „Soviel ich weiß, kommt doch um diese Zeit gar kein Fährboot!"

„Die machen Sonderschichten von Piräus her. Die Saison hat angefangen!"

„Wieso Piräus? Ich denke, du kommst von Korfu?"

„Ich hatte in Athen eine Unterredung mit dem Verleger, der meine Biographie rausbringen will!"

„Ah so!" entgegnete Penelope mit mäßigem Interesse. Da würde wieder gelogen werden, daß sich die Planken bogen. Und tatsächlich! Wie sie geahnt hatte. Braungebeizte Glatze, Falten wie eine deutsche Dogge, und dazu ein Gestank nach Fisch und Salzwasser. Und noch was! Penelope trat einen Schritt zurück. Ein Hauch von Priem, Kautabak, wie von einem Schiffskoch, waberte zu ihr.

Odysseus stierte sie verunsichert an, räusperte sich und brachte hervor:

„Ist – ist deine Mutter zu Haus?"

„Wie bitte?"

„Nun ja – hihi –eigentlich – eigentlich kann es nicht sein!" stotterte Odysseus. „Ich meine, ob mein Weib Penelope zu sprechen ist!"

„Hör mal!" befremdete sich diese. „Du machst vielleicht Witze! Erstens habe ich keine Tochter! Müßtest du doch wissen! Zweitens bin ich selber Penelope!"

„Kann nicht sein! Ehrlich!" rief Odysseus erfreut. „Keine einzige Falte, kein graues Haar, alle

Wie erfreulich: „Keine einzige Falte, kein graues Haar, alle Zähne noch so wie vor zwanzig Jahren!"

Zähne noch da, und die Figur – also, die Figur, wie vor zwanzig Jahren, als ich davonmachte!"

„Mit sechzig ist man ja auch nicht alt!" gab Penelope gemessen zurück. „Die Zeiten haben sich geändert, mein Lieber!"

„Mag sein!" pflichtete Odysseus seiner Frau zu. „Hauptsache, du ordnest dich wie früher meinen Befehlen unter und kommst deinen Pflichten nach und weißt auch um das oberste Gebot, das ein tadelloses Ehegespons zu erfüllen hat!"

„Und das wäre!" wollte Penelope verdächtig ruhig wissen.

„Nun", setzte Odysseus fort, „schweigend sich allem zu fügen und Tag und Nacht das Wohl des Gatten vor Augen zu haben, wie es die Götter dem Weibe vorbestimmten!"

„Sonst noch was?" fragte Penelope zurück. „Da bist du auf dem falschen Dampfer, lieber Seusi! Ich habe zwanzig Jahre lang hier den Laden ohne dich geschmissen, den Sohn großgezogen, deinen alten Vater, der schon etliche unangenehme Ausfälle hat, versorgt, die Firma weitergeführt, Außenstände eingetrieben, fünf neue Filialen eröffnet und noch so einiges mehr zuwege gebracht!"

Da ist selbst der edle Dulder Odysseus sprachlos: Wer hat solche Rede je aus Weibermund vernommen?

Der edle Dulder Odysseus war sprachlos. Eine solche Rede hatte er aus Weibermund noch nicht vernommen. Weder von Circe, der Geschäftsführerin der Herren-Sauna mit Luxus-Whirl-Pool und Massage-Salon, noch von Kalypso oder Nausikaa.

Einlenkend meinte Penelope, er sollte mal ins Bad, um sich von Staub und Schweiß zu befreien. Sie hätte auch alles neu kacheln lassen, mit teuren Armaturen im modernsten Design.

Odysseus stutzte. Da hatte er doch von General Agamemnon was läuten hören, den seine Frau Klytämnestra ein bisserl in der Badewanne auf Null gestellt hatte. Er schüttelte den Kopf. Lieber roch er noch weiter ein wenig streng, als unversehens so unrühmlich zu den Göttern zu gehen!

Den ganzen Abend über blätterte er in Akten, Leitzordnern und Bankauszügen. Eigentlich war auch ohne ihn alles gelaufen, wenn er sich auch lieber die Zunge abgebissen hätte, als diese Tatsache vor ihr laut werden zu lassen. Trotz allem hakten Penelope und der Spätheimkehrer Odysseus die erste gemeinsame Nacht im frisch bezogenen französischen Bett als positives Ereignis ab.

„Mein Gott", sagte sich Penelope, „Hauptsach', er hat kapiert, daß ich nicht mehr das Dummerl bin, als das er mich im Kopf behalten hat!"

Wenn ihm danach war, legte Odysseus das Band auf, das Kalypso vor seiner Abreise besprochen hatte: „Ach, edler Odysseus, ich habe doch alles für dich getan! Meine besten Jahre habe ich dir hingegeben. Jetzt magst du mich nimmer! Bin ich etwa häßlicher als deine Dings – wie heißt sie gleich – Penelope? Ich bin doch nicht viel älter als sie! Bringst du es wirklich übers Herz, mich hier allein zurückzulassen? Ja ja, die Männer! Meine Mutter hat mich vor ihnen gewarnt. Ich wollte nicht auf sie hören! Bleib doch bei mir! Du hast doch immer so gern Gyros mit

Zaziki gegessen! Und dazu gesagt, daß dies keiner so gut zubereiten kann wie ich! Ich vermache dir auch alles testamentarisch! Den Bungalow mit Strandanstoß, das Motorboot, das Bootshaus mit WC und Dusche, sogar das Hotel mit fünftausend garantierten Übernachtungen pro Saison! Eigener Airport auf der Insel! Meine beiden Neffen brauchen die Immobilien nicht. Die haben selber genug davon auf Kreta. Sag, was ich für dich sonst noch tun könnte! Ich liebe dich! Geh nicht weg von mir! Du kannst über alle meine Konten verfügen! Ich gebe dir jede Menge Blankoschecks! Ich bin so unglücklich ohne dich!"

Der edle Dulder Odysseus seufzte tief auf. Die Kalypso hatte nicht zu den attraktivsten seiner Freundinnen gezählt. Aber sie wußte ehrlich, was es hieß, sich einen Helden wie ihn geangelt zu haben.

Am liebsten ließ er sich aber über die Circe und seine amourösen Abenteuer mit ihr aus. „Die fuhr echt auf mich ab!" gab er am Frühstückstisch zum siebenundachtzigsten Mal kund. „Die wußte halt, was ein Odysseus wert war. Ach ja, war schon Wahnsinn mit der! Und auch die Dings, Kalypso! Beim Zeus, was die für einen Zirkus machte, als ich ihr erklärte, daß ich endlich heim müßte. Wollte sich das Leben nehmen! Las mir jeden Wunsch von den Augen ab. Jeden Tag ein sechsgängiges Menü! Und Rezina, Ouzo, parfümierte Bäder und eine Sklavin,

Der Steuerberater Alexis gegen Circe und Kalypso.

die auf Fingerschnippen spurte. Mensch, Mensch!"

Odysseus wackelte mit dem Kopf vor Begeisterung.

Schweigend trank Penelope ihren Kaffee aus. Sie hatte genau mitgezählt. Nicht weniger als siebenundachtzigmal hatte er die Story zum besten gegeben, und ein Ende war nicht abzusehen.

„Also", begann sie. „Der Steuerberater, wie hieß er gleich, ja, der Alexis, bei der Göttin Aphrodite, das war vielleicht einer! Wie der Cary Grant ungefähr. Den hatte ich mal vierzehn Tage da, wie ich mit dem Finanzamt nicht mehr klar kam!"

Penelope verdrehte die Augen. „Das muß so um die Zeit gewesen sein, wie du bei der Circe warst! Da wäre jede schwach geworden! So was von Mannsbild!" Wieder machte Penelope ein Gesicht wie das Kind unterm Christbaum.

Odysseus räusperte sich nachdrücklich.

„Ich hoffe doch, daß du der schändlichen Versuchung widerstanden hast!" – Am liebsten hätte er ihr eine gefeuert.

„Aber lieber Seusi", flötete Penelope. „In den Jahren, die du fern von Ithaka weiltest, hat sich hier viel verändert! Wir haben eine Alice Schwarzer, eine Elke Heidenreich, die Gleichberechtigung am Arbeitsplatz und zu Hause, die Pille, die Fristenlösung, ein neues

Scheidungsrecht und so weiter! Und wenn du morgen zum achtundachtzigstenmal von der Circe oder den Zyklopen anfängst, laß' ich mich wegen seelischer Grausamkeit scheiden!"

Da schwieg der edle Odysseus verblüfft und fraß seinen Zorn in sich hinein. Nach einer Woche zähen Grabenkriegs hatte Penelope ihren Alten fest am Riemen.

Aber nicht nur ihm gegenüber wollte sie nicht mehr den Mund halten; auch im Kreise der übrigen Männer war sie nicht mehr gewillt, das schweigende Dummerl zu spielen, so wie früher. – Irgendein Ventil braucht freilich jeder, ob Held oder nicht! Am Stammtisch oder am Zaun zum Nachbargarten, wo der Laiodes als will-

fähriger Zuhörer stand und nebenbei seine Sonnenblumen begutachtete.

„Man müßte was erfinden, was gleich das ganze gegnerische Heer mitsamt dem Land und Mensch und Tier ausradiert!" meinte der berühmte Troja-Kämpfer zu Laiodes, der seinerzeit kv. gestellt war, auf gut griechisch: kriegsverwendungsuntauglich.

„Das gelingt euch schon noch!" warf Penelope hin, die unweit davon die Hollywoodschaukel zusammenschraubte, damit Odysseus, irgendwie doch schon recht klapprig auf den Beinen, sich's darin bequem machen konnte. „Da gibt's doch so Leute, die drauf und dran sind, etwas, das sie Atom nennen, zu spalten. Also, wenn du mich fragst, eines Tages gelingt es ihnen!"